Das Buch

»Der Mann mit dem harten Job ist in Wirklichkeit ein fauler Hund. Gemessen an dem, was andere an täglicher, lebenslanger Arbeit leisten. Zum Beispiel seine Frau.« Wirklich? Wirklich! Was Claudia Pinl zum Thema Männer und Hausarbeit auftischt, ist nur auf den ersten Blick Polemik, die sich schnell zum Vergnügen aller Leserinnen als glasklare Tatsache entpuppen wird. Denn welche Frau kennt nicht zum Beispiel folgende Situation: Der Liebste, der mit Geduld die vertracktesten Schrauben in den dunkelsten Schrankwinkeln an ihren Platz zurückzaubert, der sich mit Hingabe unter das dreckigste Auto legt, der gleiche kapituliert vor Windelnwechseln (»Das kann ich irgendwie nicht!«), vor Nähkram (dito), vor dem Bügeleisen (Variante: »Das kannst du besser«). Ein genialer Dreh, sich ungeniert dumm zu stellen: Statt »ich will nicht« heißt es »ich kann nicht«, vor allem am Wochenende, wenn er »frei hat«. Warum das so ist und was Frauen dagegen tun können, auf diese beiden entscheidenden Fragen serviert die Autorin Antworten.

Die Autorin

Claudia Pinl, geboren 1941, war Redakteurin im Hörfunk und bei der Berliner ›tageszeitung‹, Referentin der Fraktion der Grünen und ist heute freie Publizistin und Autorin zahlreicher Sachbücher. Zuletzt erschien ›Vom kleinen zum großen Unterschied. Geschlechterdifferenzen und konservative Wende im Feminismus‹ (1993). Claudia Pinl lebt und arbeitet in Köln.

Claudia Pinl:

Das faule Geschlecht

Wie Männer es schaffen,
Frauen für sich arbeiten zu lassen

Deutscher
Taschenbuch
Verlag

Überarbeitete Ausgabe
Oktober 1995
Deutscher Taschenbuch Verlag GmbH & Co. KG, München
© 1994 Vito von Eichborn GmbH & Co. Verlag KG,
Frankfurt am Main
ISBN 3-8218-1155-2   549
Umschlaggestaltung: Costanza Puglisi
Umschlagfoto Rückseite: Fotoatelier Doris Berger-Peters, Köln
Satz: KCS GmbH, Buchholz/Hamburg
Druck und Bindung: C. H. Beck'sche Buchdruckerei, Nördlingen
Printed in Germany · ISBN 3-423-30492-8

Inhalt

Der Prototyp

»Ich habe doch nur für meine Familie geschuftet.«
Ehemann, dessen Frau die Scheidung eingereicht hat.
Kölner Stadt-Anzeiger 14./15.10.1989.

Kantige Gesichtszüge, ein voller Mund, kräftiges Kinn, ein gemäßigter Bürstenhaarschnitt. Den Hemdkragen trägt er offen, die Krawatte gelockert, der Pullover hängt lässig über den Schultern. Die senkrechte Falte zwischen den Brauen signalisiert Entschlossenheit, aber auch Anspannung. Sieht er so aus, der typische Vertreter des faulen Geschlechts?

Er posiert auf einem Werbefoto für einen Versicherungskonzern. »Ich habe eine Frau, ein Haus, drei Kinder und schätzungsweise noch für die nächsten zwanzig Jahre einen harten Job«, läßt ihn die Versicherung mitteilen. »Was danach kommt, darüber rede ich mit der Nr. 1« (damit meint der Versicherungskonzern sich selbst).

Zweifellos ein erfolgreicher und hart arbeitender Familienvater und Ernährer seiner Brut. Einer, der den ganzen Tag Baustellen beaufsichtigt, Verträge aushandelt, technische Systeme verkauft oder Bilanzen prüft. Der sich seine Stellung im Beruf erkämpft hat durch Leistung, Konkurrenz, Kompetenz. Der sich durch harte Arbeit unentbehrlich macht. Und der gutes Geld verdient. So gut, daß er sich eine Frau zu Hause leisten kann, die »nicht arbeitet«, oder höchstens auf halber Stelle. So gut, daß auch die monatlichen Prämien für eine Ausbildungsversicherung der Kinder noch drin sind. Alle drei werden einmal studieren können. Für das Alter ist vorgesorgt. Er und seine Frau müssen dann ihren Lebensstandard nicht einschränken. Können auch weiterhin teure Reisen unternehmen. Falls er seinen Ruhestand erlebt. Hart arbeitende Männer wie er sind einem erhöhten gesundheitlichen Risiko ausgesetzt. Herz-und-Kreislauferkrankungen – früher als »Manager-Krankheit« bekannt – sind bei Männern zwischen 45 und 65 Jahren immer noch die häufigste Todesursache. Das kommt vom Streß, von der vielen Arbeit, von den großen Opfern, die Männer für andere, für die Familie, für Frau und Kinder bringen.

Wirklich?

Der Mann mit dem harten Job ist in Wirklichkeit ein fauler Hund. Gemessen an dem, was andere an täglicher, lebenslanger Arbeit leisten. Zum Beispiel seine Frau.

Fred – nennen wir ihn einmal so – mag acht oder sogar neun Stunden am Tag über seinen Tabellen brüten, seine Konferenzen abhalten und seine Kundengespräche führen. Seine Frau Ilona arbeitet in ihrem Fünfpersonen-Haushalt mindestens so lang. Schließlich hat sie drei Kinder zu versorgen – oder besser gesagt: vier. Drei jüngere Kinder und ein älteres, großes Kind, ihren erfolgreichen und hart arbeitenden Mann. Denn zu Hause streckt Fred alle viere von sich und läßt sich bedienen.

Ilona steht morgens vor ihm auf, damit der Frühstückstisch gedeckt ist, wenn Fred aus dem Bad kommt. Sein Anzug liegt bereit, ebenso das frischgebügelte Hemd. Wenn Fred aus dem Haus ist, bringt Ilona die Jüngste in den Kindergarten. Auf dem Rückweg macht sie Einkäufe. Wieder zu Hause, räumt sie die Wohnung auf, lädt die Waschmaschine, macht die Betten und bereitet den Mittagsimbiß für die Kinder vor.

Fred hat es sich inzwischen in seinem Büro mit einer Tasse Kaffee und der Tageszeitung gemütlich gemacht. Dann studiert er den von der Sekretärin hereingereichten Tagesplan. Anschließend die Post. Die Buchhaltung ruft wegen ungeklärter Spesenabrechnungen des Außendienstes an. Nach einem Schwätzchen mit seinem Chef über Urlaubspläne läßt sich Fred von der Sekretärin eine zweite Tasse Kaffee bringen und widmet sich dem Umsatzbericht für das abgelaufene Vierteljahr.

Ilona holt die Kleine vom Kindergarten ab, die beiden Großen kommen aus der Schule. Der Mathelehrer war heute wieder unmöglich, berichtet die Tochter. Ilona räumt das Frühstücksgeschirr in die Spülmaschine und denkt mit Unbehagen an den nächsten Elternabend. Vielleicht kann sie ja Fred überreden, diesmal hinzugehen. Nach dem Essen kümmert sie sich um die Englisch-Aufgaben des Sohnes. Dann ist es Zeit, die Jüngste zum Kindergarten-Geburtstag zu chauffieren. Die ältere Tochter muß deshalb ausnahmsweise mit dem Bus zum Klavierunterricht fahren. Das paßt ihr zwar nicht, aber Ilona mag einfach nicht den ganzen Nachmittag Taxi spielen.

Fred hat inzwischen mit seinem Chef zu Mittag gegessen, und während der Chef weitere Urlaubserlebnisse zum Besten gibt, hat er vorsichtig versucht, das Gespräch auf den frei werdenden Geschäftsführerposten in X-Stadt zu lenken. Leider ohne Erfolg. Immerhin ist Fred erleichtert, daß der Chef ihn nicht auf den noch immer nicht abgeschlossenen Umsatzbericht angesprochen hat. Nach dem Essen eilt Fred in die Fußgängerzone. Er braucht dringend ein passables Foto von sich. Die Redaktion der Fachzeitschrift hat es angefordert. Dort erscheint nächsten Monat ein Aufsatz über das innovative Zeitmanagement in seiner Firma. Den hat zwar die Marketing-Assistentin geschrieben, aber veröffentlicht wird er unter Freds Namen. Als er in die Firma zurückkommt, wartet im Konferenzraum bereits der Vertriebsleiter eines Zulieferbetriebs. Fred muß neue Preise und Lieferfristen mit ihm aushandeln.

Während Ilona am Spätnachmittag die Wäsche aufhängt und überlegt, was sie zu Abend kochen soll, ruft Fred an.

Er möchte gern einen Geschäftsfreund zum Essen mitbringen. Ilona guckt schnell nach, was in der Kühltruhe ist. Dann fährt sie nochmal zum Einkaufen los. Auf dem Rückweg holt sie die Kleine vom Kindergeburtstag ab. Der Sohn ist inzwischen vom Fußballspielen nach Hause gekommen. Man sieht es an den Dreckspuren auf dem Teppichboden im Wohnzimmer. Ilona wird sich da gleich drum kümmern. Was in diesem Fall heißt, den Herrn Sohn davon zu überzeugen, daß er mal mit dem Staubsauger durchs Wohnzimmer geht. Das dauert fast so lange, als wenn Ilona es selbst gemacht hätte. Höchste Zeit, die Ente in den Backofen zu schieben. Die Kleine jammert. Sie hat Bauchweh, wahrscheinlich hat sie auf dem Geburtstag zuviel Buttercremetorte gegessen. Ilona badet das Kind und bringt es ins Bett, erzählt ihr noch rasch eine Geschichte und hofft, daß alles gut geht.

Es wird ein netter Abend mit dem Vertriebsleiter der Zulieferfirma, der nicht mit Komplimenten für die köstliche Ente mit Preiselbeerkompott spart. Die Jüngste schläft durch, anscheinend war es mit den Bauchschmerzen doch nicht so schlimm. Um 23.00 Uhr steht Ilona wieder in der Küche beim Aufräumen. Fred hilft ihr, dann geht er ins Bett. Er schläft schon, als sie noch einmal zu der Kleinen ins Zimmer geht, gucken, ob alles in Ordnung ist.

Fred und Ilona gehören zum »Haushaltstyp B« der amtlichen Statistik: »Haushalte mit Kind(ern) unter 18 Jahren mit erwerbstätigem Ehemann und nicht erwerbstätiger Ehefrau«. Für diesen Haushaltstyp hat die Familienforschung für den Mann eine tägliche Arbeitsbelastung von 9 Stunden 53 Minuten errechnet, für die Frau von 9 Stunden 45 Minuten – bei drei Kindern und mehr. Allerdings nur für die Wochentage von Montag bis Freitag. Am Wochenende kommen für die »Typ B«-Mutter noch mal 6 Stunden

Haus- und Betreuungsarbeit hinzu, die sie allein leisten muß. An der übrigen an Wochenenden anfallenden Hausarbeit beteiligen sich die anderen Familienmitglieder, weiß die Statistik.

Aber wehe, ein Kind wird krank. Oder die Schwiegermutter zum Pflegefall. Dann können sich Ilona und ihre »Typ B«-Schwestern auf regelmäßige Überstunden gefaßt machen. Und von Urlaub war noch keine Rede. Fred und Ilona verbringen die sechs schönsten Wochen des Jahres gern in einem Ferienhaus in der Bretagne. Für Fred heißt das Surfen, am Strand liegen und mit den Kindern Volleyball spielen. Manchmal geht er mit Ilona auf den Markt zum Einkaufen, aber er kann kein Französisch und kommt sich dabei immer ein bißchen überflüssig vor, so im Schlepptau der Frau. Und kochen kann er auch nicht. Außerdem braucht er ja auch seine Ruhe. Allerdings macht er im Urlaub jeden Abend mit den Kindern zusammen den Abwasch.

Sollte Ilona, wenn die Kinder größer sind, in ihren früheren Beruf als Lehrerin zurückkehren, selbstverständlich nur in Teilzeit, wird ihre Arbeitsbelastung drastisch zunehmen. Denn Freds Aktivitäten im Haushalt werden sich nur minimal steigern. Im Grunde sieht er nicht ein, wieso sie sich jetzt, wo die Kinder aus dem Gröbsten heraus sind, noch die Berufsarbeit aufhalsen muß. Er verdient doch genug, um die Familie zu ernähren. Auf ihren Verdienst sind sie nicht angewiesen, und er sieht wirklich nicht ein, daß er sich jetzt das Frühstück selber machen soll. Oder sich abends noch um die Hausaufgaben des Sohnes kümmern muß, während seine Frau, die Lehrerin, zum Elternabend unterwegs ist.

Wenn Fred mit 63 oder 65 in Rente geht, gibt auch Ilona ihren Lehrerinnenjob wieder auf. Aber das heißt noch lange nicht, daß sie in den Ruhestand geht. Fred erwartet weiterhin, daß sie die Hausarbeit erledigt. Schließlich hat er ja ein langes, hartes Arbeitsleben hinter sich und will in Ruhe Lebensversicherung und Rente genießen. Immerhin hilft er jetzt beim Einkaufen und räumt auch schon mal das Geschirr in die Spülmaschine. Seine Hemden kann er immer noch nicht bügeln. Und wieso alle paar Wochen die Fenster geputzt werden müssen, sieht er schon gar nicht ein. Endlich findet er Zeit, sich seinem Hobby zu widmen: Er baut in der Garage eine Segeljolle, eigenhändig. Während Fred mit der Bohrmaschine hantiert, hütet Ilona im Haus das Enkelkind – vor zwei Jahren hat die Älteste sie zur Großmutter gemacht. Ist das Hüten von Enkelkindern Arbeit, ist es Liebe? Bei den von den FamilienforscherInnen so benannten »personengebundenen Tätigkeiten« läßt sich das schlecht unterscheiden.

Männer drücken sich vor beidem. Vor der Arbeit im Haus, vor dem Putzen, Waschen, Kochen, ebenso wie vor der »Beziehungsarbeit«, der Versorgung, Pflege und Erziehung von Kindern, Alten oder Kranken. Männer lassen arbeiten. Sie sind das faule Geschlecht.

Null Bock auf Bügeln –

wie Männer im Haushalt arbeiten lassen

»Das einzige, was ich in meinem Leben
außer meinen Zähnen geputzt habe,
war mein Motorrad.«
Eric Burdon, Alt-Rockstar

Eine »Internationale der Ehemänner«, die sich weigern, zu Hause anzupacken, entdeckte die Soziologin Helge Pross Mitte der siebziger Jahre. Zwanzig Jahre später hat der Männerbund der Arbeitsverweigerer kaum Mitglieder eingebüßt.

92 Prozent aller Männer, die mit einer Partnerin zusammenlebten, fühlten sich durch Hausarbeit kaum belastet. Zu Recht, sagen Sigrid Metz-Göckel und Ursula Müller, Autorinnen der ›Brigitte‹-Studie »Der Mann« von 1984, denn die Männer tun im Haushalt so gut wie nichts. Zu einem ähnlichen Ergebnis kam Ende der achtziger Jahre der Wirtschaftswissenschaftler Hans-Günter Krüsselberg. Insgesamt gesehen sei die »Mithilfe« des Ehemannes eher gering einzustufen, stellte Krüsselberg in einer Studie für das Bundesministerium für Jugend, Familie und Gesundheit fest. Auch wenn die »Mithilfe« des Mannes mit zunehmender wöchentlicher Erwerbsarbeit der Frau ansteige, so erreiche sie meist nur einen Bruchteil der Arbeitsbelastung der Frau. Vor allem bei den erwerbstätigen Müttern mit zwei oder mehr Kindern könne von einer wirksamen Hilfe der Männer keine Rede sein. Der durchschnittliche Familienvater (ein Kind) sei mit einer Viertelstunde Hausarbeit täglich »belastet«.

Eine von der Krupp-Stiftung und der nordrhein-westfälischen Landesregierung bezahlte Studie ›Partnerbeziehung und Familienentwicklung‹ kam 1988 zu dem Ergebnis, daß drei Viertel der vollerwerbstätigen Ehefrauen die Hausarbeit überwiegend allein erledigen. In fast der Hälfte aller Haushalte, in der die Frau in Vollzeit berufstätig ist, rühren die Männer keine Hand. Die Landesregierung mochte es nicht glauben und faßte 1989 noch einmal wissenschaftlich nach. Mit einem etwas besseren Ergebnis: Laut Studie »Arbeitszeit '89« leisten 40 Prozent der Männer mit berufstätiger Partnerin keine Hausarbeit.

Im Norden sieht's nicht besser aus als im Westen. Einer 1990 veröffentlichten Studie zufolge helfen die Schleswig-Holsteiner vor der Ehe schon mal im Haushalt aus. In der Ehe legen sie lieber die Füße hoch und überlassen den Abwasch der Frau – und alle andere Haushaltsarbeit auch.

Das gleiche Bild im Osten. In den siebziger Jahren entfielen in der DDR von wöchentlich 47 Hausarbeitsstunden 37 Stunden auf die Frau, sechs auf den Mann und vier Stunden auf andere Familienmitglieder (Kinder, Großeltern). Durch flächendeckende Betreuungseinrichtungen waren Frauen zwar von einem Teil der Arbeit mit den Kindern entlastet. Aber ständiger Mangel an Gütern des täglichen Bedarfs und die rückständige Haushaltstechnik, zum Beispiel die weitverbreitete Ofenheizung, sorgten für Belastungen, die man im Westen nicht kannte.

In jüngeren Untersuchungen kamen die DDR-Männer etwas besser weg. In einer kurz vor der »Wende« durchgeführten Studie ergab sich zwar, daß auch in der DDR den Frauen bestimmte Arbeiten wie ein weiteres Geschlechtsmerkmal zugeordnet blieben: Bei den routinemäßig anfallenden Hausarbeiten wie Putzen, Kochen, Waschen, Nähen, Bügeln hielt sich der DDR-Mann ganz zurück. Wenn sein Anteil an der »Eigenarbeit« im Hause dennoch höher lag als der des westdeutschen Paschas, dann deshalb, weil durch die Versorgungsschwierigkeiten zum Beispiel der Posten »Reparaturen im Haushalt« umfangreicher ausfiel als im Westen. DDR-Männer beteiligten sich auch stärker als Westmänner bei Einkäufen, Behördengängen und Heizen der Wohnung.

Jüngste Forschungsergebnisse belegen, daß es im Osten inzwischen zu einer Angleichung an westdeutsche patriarchale Verhältnisse kommt: Für bestimmte Arbeiten sind in größerem Ausmaß als früher allein die Frauen zuständig; der Anteil der von Frauen und Männern gemeinsam verrichteten Haus- und Familienarbeit nimmt ab.

Auch die jüngsten, 1992 und 1993 von Allensbach und vom Mannheimer IPOS-Institut durchgeführten Befragungen in Ost und West bestätigen, was man und frau ohnehin schon weiß. IPOS fand heraus: Die Männer berufstätiger Frauen in den westlichen Bundesländern fühlen sich lediglich zu 5 Prozent durch Hausarbeit »stark belastet«. Aber fast ein Drittel (31 Prozent) der berufstätigen, mit Männern zusammenlebenden westdeutschen Frauen klagen über starke Belastung durch Hausarbeit. In den neuen Bundesländern sind es in der entsprechenden Gruppe 6 Prozent der Männer und 27 Prozent der Frauen. Das wundert nicht. Denn »Zarte Männerhände weg von der Hausarbeit« scheint immer noch die Parole zu sein, zumindest bei den klassischen Domänen Putzen, Waschen, Kochen. – Ähnliche Ergebnisse legte das Institut für Demoskopie Allensbach den Auftraggebern, dem Pharmaunternehmen Schering und dem Bundesfrauenministerium, im Frühjahr 1993 vor. Auf die Frage »Wer macht bei Ihnen im Haushalt das meiste?« antworteten 58 Prozent der westdeutschen und 59 Prozent der ostdeutschen berufstätigen Frauen »Ich mache das meiste«. Bei den nichterwerbstätigen Frauen waren es 60 Prozent (West) bzw. 66 Prozent (Ost). Immerhin, der hundertprozentige Haushaltsmuffel scheint auszusterben. Taten 1989

40 Prozent aller nordrhein-westfälischen Männer berufstätiger Frauen zu Hause keinen Handschlag, so sagten 1993 im Westen nur 16 Prozent aller berufstätigen Frauen, sie erhielten von ihren Männern keinerlei Hilfe. In den neuen Ländern waren es sogar nur 8 Prozent weiblicher Berufstätiger, denen die Männer jedwede Unterstützung verweigerten.

Pascha zu sein ist nicht mehr ganz so schick wie noch vor einigen Jahren. Auch hartgesottene Exemplare greifen heute schon mal zur Spülbürste, wenn auch meist erst nach der dritten Aufforderung. Die Hauptlast der Hausarbeit ist dennoch bei den Frauen verblieben. In einem Aspekt zeigt sich allerdings eine gesellschaftliche Trendwende: Deutlich gewachsen ist das Interesse der Väter an ihren Kindern. Männer verbringen meßbar mehr Zeit mit ihren Kindern als noch vor zwanzig Jahren. Sie spielen mit ihnen, treiben sonntags Sport oder machen gemeinsame Unternehmungen. Allerdings: Die zeitraubende, tägliche Betreuungsarbeit überlassen die Väter weiterhin den Müttern.

Mütter kleiner Kinder sind die mit Arbeit am stärksten belastete Gruppe der Bevölkerung. Bereits bei einem Drei-Personen-Haushalt (mit einem Kind) beträgt die wöchentliche Arbeit der Hausfrau im Schnitt 48 Stunden – ohne Urlaubsanspruch. Ist die Frau erwerbstätig, steigt die Belastung dramatisch an. 70 und mehr Wochenstunden Arbeit zu Hause und im Beruf sind für Mütter keine Seltenheit. In den westlichen Bundesländern ist etwa jede dritte erwachsene Frau zugleich Mutter und berufstätig. Männer berufstätiger Mütter lassen ihre Frauen schuften. Wenn sich eine Frau herausnimmt, was für Männer selbstverständlich ist, nämlich einen Beruf *und* Kinder zu haben, wird sie kräftig abgestraft. Strafmaß: Doppelt so lange arbeiten wie der Mann.

Vor allem Arbeiterinnen mit Kindern stellen eine extrem beanspruchte Gruppe dar, bei der 17-Stunden-Tage keine Seltenheit sind. Wer einmal bei Schichtwechsel an einem Werkstor gestanden hat und beobachtete, wie die Arbeiterinnen zu ihrer »zweiten Schicht« nach Hause hetzen, kann ermessen, unter welchem Druck diese Frauen stehen.

Mütter weichen oft auf Nachtarbeit aus, um sich tagsüber um die Kinder zu kümmern und die Hausarbeit zu machen. Ein chronisches Schlafdefizit ist die Folge. Und zwar in weitaus stärkerem Maß als dies schon bei männlichen Nachtschichtlern der Fall ist.

Eine Arbeiterin schickte der Abteilung Frauen beim DGB-Bundesvorstand eine Skizze ihres Tagesablaufs. Die Frau ist nachts von 22.00 bis 5.45 Uhr unter anderem mit der Reinigung von Zügen beschäftigt.

»5.45 Uhr habe ich Feierabend. Dann benötige ich eine Stunde für den Heimweg, so daß ich um

6.45 Uhr zu Hause bin und das Frühstück für uns bereite.

7.15 Uhr gehen die Kinder zur Schule, und ich erledige einen Teil der Hausarbeiten bis ca.

9.00 Uhr und schlafe dann.

13.00 Uhr kommen die Kinder von der Schule, wecken mich, und wir unterhalten uns beim gemeinsamen Mittagessen. Anschließend verrichte ich weitere Hausarbeiten bis etwa

15.30 Uhr. Dann überprüfe ich die inzwischen von den Kindern gemachten Hausaufgaben und helfe ihnen dabei bis ca.

16.30 Uhr. Die Zeit bis um

18.00 Uhr als Abendbrotzeit geht bei uns meistens für solche Hausarbeiten wie Vorratsplanung und Einkaufen drauf. Spätestens um

20.00 Uhr Uhr sind die Kinder im Bett, und ich lege dann noch ihre Kleidung für den nächsten Tag heraus, kontrolliere ihren Schulranzen usw. Dann mache ich noch meine Brote für meine Schicht und gehe um

21.00 Uhr zur Arbeit, damit ich pünktlich zum Schichtbeginn um

22.00 Uhr Uhr an meinem Arbeitsplatz bin.

Wenn mein Mann Nachtschicht hat, legt er sich nach dem Frühstück hin und schläft bis ca. 17.00 Uhr. Dann essen wir gemeinsam ein warmes Abendbrot. Mein Mann befaßt sich dann ein bis zwei Stunden mit den Kindern und ruht sich dann noch bis zum Weggang zur Nachtschicht weiter aus.«

Professor Max Wingen vom Bundesministerium für Familie und Senioren hat dennoch ein »behutsam verstärktes Engagement der Männer in der Familientätigkeit« entdeckt. Die Katholiken des Bistums Essen wollen den fleißigen Familienmännern gar ein Denkmal in der Landesverfassung setzen. Im Artikel 5 Absatz 2 der Verfassung Nordrhein-Westfalens heißt es:

»Die der Familie gewidmete Hausarbeit der Frau wird der Berufsarbeit gleichgeachtet.« Diese Formulierung entspreche nicht mehr dem heutigen Verständnis, meinte der Vorstand des Essener Diözesanrates. Auch die Arbeit der Väter für die Familie müsse berücksichtigt werden. Daher unterstütze man Bemühungen, die aus dem Jahr 1950 stammende Landesverfassung wie folgt zu ändern:

»Die in der Familie geleistete Arbeit von Mann und Frau wird der Berufsarbeit gleichgeachtet.«

Vielleicht nehmen ja Wingen und die Essener Katholiken die frommen Absichtserklärungen ihrer Geschlechtsgenossen schon für bare Münze. Die ganz überwiegende Mehrheit der von Helge Pross in den siebziger Jahren befragten Männer fand, daß Hausarbeit nun einmal Frauensache sei. Punktum. So offen äußert sich heute kaum noch ein Mann. Die meisten finden es inzwischen »gut«, wenn Mann und Frau Planung und Arbeit im Haushalt teilen, kranke Angehörige gemeinsam pflegen, Kinder gemeinsam betreuen. Sie stimmen sogar dem Gedanken zu, daß der Mann sich abends um die Kinder kümmern sollte, damit die Frau auch mal ausgehen kann. Sagen sie.

Fragt man genauer nach, sieht das Bild schon weniger rosig aus. Fast 60 Prozent der im Frühjahr 1993 von Allensbach interviewten Männer äußerten Vorbehalte bis hin zur strikten Ablehnung gegenüber dem Vorschlag, nach der Geburt eines Kindes solle der Mann den Erziehungsurlaub nehmen. Eine gleich große Mehrheit von Männern kann sich nicht vorstellen, nach der Geburt eines Kindes selber auf halbe Stelle zu gehen, um der Frau weiterhin die Berufstätigkeit zu ermöglichen.

Die Männer akzeptieren das veränderte Selbstverständnis der Frauen, deren Wunsch nach persönlichem Freiraum, nach Selbständigkeit und eigener Berufstätigkeit, nach gleichberechtigter Partnerschaft. Sie akzeptieren das aber nur auf einer ganz allgemeinen und abstrakten Ebene. Wird es mit ihrem persönlichen Leben in Verbindung gebracht, blocken sie ab. Und in der Realität leisten sie anhaltend Widerstand gegen die Versuche der Frauen, ein egalitäres Geschlechterverhältnis herzustellen.

Wenn Männer hier und da im Haushalt mehr anpacken als früher, dann sehen sie sich in der Rolle des »Mithelfenden«, selten oder nie in der Rolle des Verantwortlichen.

Rainer, erfolgreicher Architekt, und seine Frau Annemarie, ganztägig berufstätige Friseurmeisterin, hatten sich schon früh darauf verständigt, daß Hausarbeit auch Männersache sei. Aber »natürlich« nimmt sich Annemarie und nicht Rainer frei, wenn der neunjährige Sohn mit Masern im Bett liegt. Es ist immer Rainer, der anruft, und nie Annemarie, um zu verkünden: »Zum Staubsaugen bin ich heute morgen nicht mehr gekommen. Machst du's nachher?«

Die männlichen »mithelfenden Familienangehörigen« suchen sich an Hausarbeit das heraus, was sie gerne machen. Das ist wenig genug. Manchmal haben einzelne männliche Exemplare ein Einsehen. Wenn die Frau denn nun wirklich wegen Beruf, Krankheit oder Abwesenheit nicht greifbar ist, räumen *sie* die Küche auf. Darauf verlassen können Frauen sich nicht. Ständige Verantwortung für bestimmte Arbeiten übernehmen die »Partner« höchst ungern. Selbst »fortschrittlich« eingestellte Männer sehen ihren Beitrag zur Hausarbeit als »freiwillige Leistung« an, auf die kein Anspruch besteht, für die frau sogar ausgiebig und andauernd dankbar sein muß.

»Mir ist noch kein Mann begegnet«, schreibt die Soziologin Carol Hagemann-White, »– und die soziologischen Untersuchungen zu diesem Bereich kennen auch keine Ausnahmen –, der nicht seine Mithilfe im Haushalt danach ausrichtete, was er gerne tut oder einsieht. Das was übrig bleibt, tut dann jeweils die Frau: Abfall. Wird ihm das alles zuviel, hat er eine berufliche Verpflichtung, macht eine Prüfung, kommt erschöpft von der Arbeit nach Hause, setzt sich ab. Er kann es, er darf es und er tut es.«

Wie eh und je zeigen Männer ein starkes Unbehagen beim Umgang mit Textilien, insbesondere wenn diese feucht sind. Bügelfeuchte Wäsche, Wischlappen und Aufnehmer sind ihnen ein Greuel. Bügeln, Wischen, Waschen, Fensterputzen scheuen sie wie der Teufel das Weihwasser. Selbst in dem Bereich, in dem sich Männer noch am ehesten beteiligen, beim Einkaufen, zieht nur jeder vierte Mann genauso häufig oder häufiger als seine Partnerin mit der Einkaufstasche los.

Ganz aus ist es, wenn das erste Kind geboren wird. Dann stellen sich bei den Männern die Hormone um. Sobald sich die Frau aus dem Wochenbett hochrappelt, läßt auch der gutwillige Ehemann Kochlöffel und Schrubber fallen. Just zu dem Zeitpunkt, zu dem in der Familie die größte Arbeit anfällt, verabschieden sich die Väter in Richtung Büro. Denn nun fühlt sich der Mann als »Ernährer« gefordert, nun *muß* er Karriere machen, der Arme, obwohl er doch gar nicht will. Auch wenn das heißt, daß seine gutverdienende Frau auf den Beruf verzichtet.

Wenn es anders sein soll, müssen Frauen einen enormen Druck ausüben. Jedes kleinste Zugeständnis seitens der Männer muß durch ständigen Kampf stets aufs neue eingefordert werden. Der Dauerkonflikt mit dem Mann (oder auch mit älteren Kindern, insbesondere Söhnen) um die Aufteilung der Arbeit erfordert viel psychische Kraft. Viele Frauen haben deshalb längst resigniert. Die Aufgaben »schnell« selber zu erledigen, scheint sie weniger zu erschöpfen als der Dauer-Clinch um die Arbeitsteilung.

Sind ihnen Zugeständnisse abgerungen worden, wollen die Männer auch noch für die größten Selbstverständlichkeiten bejubelt werden. Ein Mann, der abends seine Kinder hütet, weil die Frau unterwegs ist, oder ihnen ein Essen macht, ist eben immer noch etwas Besonderes. Die Kinder sind stolz auf den Vati, der doch tatsächlich Spaghetti kochen kann. Daß die Mutter den Löwenanteil der Arbeit erledigt, ist dagegen keiner Rede wert. Sie hat vielmehr dankbar zu sein für diesen ungewöhnlich verständnisvollen, netten und hilfsbereiten Mann.

Konnte der Patriarch früherer Jahrzehnte eventuell an ihn herangetragene Ansinnen in Sachen Hausarbeit ein für allemal mit dem barschen Satz zurückweisen: »Das ist Frauensache«, so muß der Haushaltsmuffel heutzutage subtiler vorgehen. Folgende Arbeitsvermeidungsstrategien werden vom faulen Geschlecht gern und ausdauernd angewandt:

»Andere machen noch viel weniger als ich.« Eine ziemlich plumpe Strategie. Der Vorwurf der Frau, der Mann packe zu Hause zu wenig an, wird auch gern mit dem Hinweis gekontert, man sei ja schon viel besser als der eigene Vater (Großvater); der habe doch zu Hause keine Hand gerührt. Da solle die Frau doch jetzt mal lieber dankbar sein.

»Mich stört das nicht.« Hierbei handelt es sich um die sogenannte größere Schmutztoleranz der Männer. Sie behaupten, ein schmutziges Bad, eine unaufgeräumte Küche störe sie einfach nicht, sie könnten die Kaffeetassen auch mehrmals benutzen etc. Das ist natürlich Quatsch. Oder besser: eine Frechheit. Im allgemeinen können Männer unordentliche oder schmutzige Wohnungen nicht ausstehen. In konventionellen Ehen wird der heimkehrende »Ernährer« angesichts von Geschirr- oder Wäschebergen ziemlich sauer (»Was hast du eigentlich den ganzen Tag gemacht?«). Er möchte es abends gemütlich haben und nicht über Berge von Bügelwäsche stolpern oder am saftverschmierten Küchenfußboden hängenbleiben.

Wenn Männer ihre angeblich größere Schmutztoleranz ins Spiel bringen, haben sie im Prinzip anerkannt, daß auch sie sich an der Hausarbeit zu beteiligen haben. Viel gewonnen ist dabei für die Frauen nicht. Zwar sagen diese Männer nicht mehr zur Frau: »Mach den Dreck weg«. Aber bis zum eigenen Tätigwerden vergeht noch viel Zeit, während der er hofft, daß sie es vielleicht doch noch macht … Steht partout keine weibliche Arbeitskraft bereit, dann wird der Durchschnittsmann lieber in der verdreckten Küche eine Tütensuppe verschlingen, anstatt zum Einkaufskorb, zum Kochbuch und zum Schrubber zu greifen. Männer sind so faul, daß Gefühle wie Hunger oder Ekel dahinter zurücktreten.

»*Ich kann das nicht.*« Variante: »*Du kannst das viel besser.*« Das ist sozusagen die klassische faule Ausrede. Zwar haben die meisten Männer Bügeln bei der Bundeswehr gelernt. Aber nun können sie es nicht mehr. Und man beweise ihnen einmal das Gegenteil.

Wenn Frauen sich auf eine qualifizierte Stelle bewerben, müssen sie im allgemeinen nachweisen, daß sie mit den dort geforderten Arbeiten bereits vertraut sind. Von Männern dagegen wird erwartet, daß sie sich auch auf Gebieten, von denen sie keine Ahnung haben, schnell einarbeiten. Arbeitgeber und Personalchefs seien jedoch gewarnt: Es gibt eine Tätigkeit, bei der stehen Männer jahrelang wie der Ochs vorm Berg und schnallen nichts. Das ist die Hausarbeit. Da fehlt den Männern einfach der Überblick. Sie *wissen* nicht, daß zum Beispiel bestimmte Dinge rechtzeitig eingekauft werden müssen, sollen sie am Wochenende zur Verfügung stehen. Und sie lernen es auch nicht durch Erfahrung. Das sollte sich einmal der Einkaufschef einer Firma erlauben!

Wenn Männer im Haushalt keine Lernmotivation zeigen, wenn sie keinen inneren Bezug zu den Dingen entwickeln, um die es da geht, dann ist das ein Wink mit dem Zaunpfahl an die Frau: »Mach du das doch! Du siehst ja, daß ich das nicht kann.« Gegen die »erlernte Hilflosigkeit der Männer« (Rosemarie Nave-Herz) hilft nur eins: Sie in ihren kalten Küchen, auf ihren ungewaschenen und ungebügelten Klamotten sitzenlassen. Solange, bis sie's lernen.

Manche Männer steigern ihren inneren Widerstand bis zur Sabotage. Angebranntes Essen, kaputte, weil falsch bediente Haushaltsgeräte, verfärbte Wäsche sind die Folgen. Oder es trifft die Kinder. Da sitzt dann der Dreijährige mit nacktem Po auf dem kalten Küchenfußboden, während der aufsichtführende Papa am Computer spielt.

Frauen, die allzu vehement männliche Arbeitsleistungen einfordern, werden abgestraft. Die Frau meint, er tue zu wenig im Haushalt, der Mann meint, er tue genug. Sie macht ihm Vorhaltungen, er rastet aus. Und tut einige Zeit überhaupt nichts mehr. Er streikt aber nicht offen, sondern hat plötzlich so viele Termine außer Haus, daß er beim besten Willen zu keiner Hausarbeit mehr kommt. Das dauert ein paar Tage oder Wochen. Dann ist er zu gnädiger Mithilfe wieder bereit. Die Frau wird es sich das nächste Mal überlegen, seine Gutwilligkeit zu strapazieren, hofft er …

Dann gibt es noch einige vorbeugende Strategien, mit denen Männer verhindern wollen, daß die zusätzliche, mit Kindern verbundene Arbeit irgendwie an ihnen hängenbleiben könnte. Sagt zum Beispiel der Mann: »Ich überlasse dir die Entscheidung, ob wir (noch) ein Kind kriegen oder nicht.« Im Klartext heißt das: »Ich will mein Leben nicht verändern. Wenn wir (noch) ein Kind bekommen, ist das dein Problem. Komm mir dann bloß nicht mit Ansprüchen von wegen Hausarbeitsteilung. Du hast es ja dann so gewollt.«

Oder der berufstätige Vater eines Kindes räsoniert darüber, ob dieses wirklich schon groß genug ist, tagsüber außer Haus betreut zu werden, wenn die Mutter in den Beruf zurückgeht. Oft kommt der Mann dann zu der Einschätzung, das Kind sei noch zu klein, um die Mutter tagsüber zu entbehren. Was er wirklich sagen will: Er selbst möchte keine weitere Verantwortung im Hause übernehmen; er will auch nicht auf die Bequemlichkeit verzichten, die er hat, weil seine Frau den ganzen Tag zu Hause ist.

Obwohl die Untersuchungen zur Hausarbeit inzwischen halbe Bibliotheken füllen, lassen die (meist staatlichen) Auftraggeber weiterforschen. Immer neue Heerscharen von InterviewerInnen werden mit der immer gleichen Fragestellung »Wer macht was wie lange im

Haushalt?« auf die Bevölkerung losgelassen. Und kommen mit den immer gleichen oder zumindest ähnlichen Ergebnissen zurück. Die Frauenministerinnen von Bund und Ländern, die einen Großteil dieser Forschung bezahlen, haben anscheinend die Hoffnung noch nicht aufgegeben, daß die Paschas plötzlich zu Partnern mutieren. Frei nach dem Motto: »Bei der nächsten Umfrage wird alles anders«. Es ist das gleiche wie beim Waldsterben: Solange noch untersucht wird, braucht man ernsthafte politische Konsequenzen nicht einzuleiten. Wenn die Männer jetzt endlich Verantwortung in der Familie übernähmen, brauchte man vielleicht keine neuen Ganztagsschulen. Oder würden die Geburtenzahlen endlich wieder steigen ... Oder wären die Frauen zufriedener ... Oder könnte man den Rechtsanspruch auf einen Kindergartenplatz noch später umsetzen ...

Die bisher umfassendste Untersuchung zum Thema hat das Statistische Bundesamt 1991/92 durchgeführt. Für die »Zeitbudgeterhebung Haushaltsproduktion« wurden in rund 7200 nach dem Stichprobenverfahren ausgewählten Haushalten Zeit-Tagebücher geführt. An mehreren übers Jahr verteilten Tagen notierten alle im Haushalt lebenden Menschen über 12 ihre Tätigkeiten, und zwar im Fünfminuten-Takt. Erste Ergebnisse wurden im August 1994 veröffentlicht.

Demnach verwenden Frauen für hauswirtschaftliche Tätigkeiten im Schnitt täglich 4 Stunden und 9 Minuten, Männer 1 Stunde 44 Minuten, wobei der Posten »Wäschepflege« bei letzteren mit genau 3 Minuten zu Buche schlägt (Frauen: 40 Minuten). Jeweils 14 Minuten täglich verwendet der deutsche Durchschnittsmann ab Alter 12 auf's Putzen und Einkaufen. Nur bei der »Pflanzen- und Tierpflege« arbeiten sich Männer stärker ab als Frauen – 24 zu 23 Minuten für's starke Geschlecht! Da Männer bekanntlich immer die Blumen vertrocknen lassen, muß sich hier wohl das häufige Gassigehen mit dem Hund niedergeschlagen haben.

Aber dank männlicher technischer Kreativität wird sich das bald alles ändern. Eines nicht mehr allzu fernen Tages werden Leichtbauroboter in Privathäusern kochen, servieren und putzen. Diese schöne Vision hat jedenfalls Professor Gerhard Hirzinger von der Deutschen Forschungsanstalt für Luft- und Raumfahrt. Die »Roboter der dritten Generation« sollen im Gegensatz zu den heutigen »dummen« Industrierobotern, die zum Beispiel bei der Pkw-Montage eingesetzt werden, lernfähig und mitdenkend sein. Was man von den meisten Männern im Haushalt ja nicht behaupten kann.

Die Familie –

das Rundum-Sorglos-Paket für Männer

*»Eine Frage dieser Studie lautete: ›Sind Sie zur
Herstellung einer eigenen Mahlzeit fähig?‹
Diese Frage hätte ich schon als Zwanzigjähriger
mit Nein beantworten müssen.«
Bundesarbeitsminister Norbert Blüm zu einer
in seinem Hause angefertigten Statistik, wonach zwei
Drittel der Neunzigjährigen noch in der Lage sind,
ihren eigenen Haushalt zu führen.*

Rudolf ist allein zu Hause. Seine Frau Maria ist für einen
Tag zu ihrer Mutter gefahren. Rudolf hat Hunger. Im
Küchenschrank findet er eine Kombipackung mit Nudeln
und Fertigsauce. Im Kühlschrank liegt ein Kopfsalat.
Rudolf fummelt an den Herdschaltern, er weiß nicht, wel-
cher Schalter zu welcher Platte gehört. Er liest noch einmal
die Anweisungen auf der Nudelpackung, dann die Zei-
tung. Er findet weder das Sieb noch Essig und Öl für die
Salatsauce. Genervt läßt er die Nudelpackung auf dem
Küchentisch liegen und den ungewaschenen Salat in der
Spüle, holt sich eine Flasche Bier aus dem Kühlschrank
und verzieht sich ins Wohnzimmer vor den Fernseher.
Spät abends kommt Maria nach Hause und stellt fest: »Du
hast ja gar nichts gegessen!«

Worauf Rudolf trotzig antwortet: »Ich hatte keinen
Hunger.«

In Wirklichkeit will er sagen: »Ich hab' dir ja gesagt, du
sollst nicht weggehen und mich alleinlassen. Kein Wunder,
daß ich fast verhungert bin.«

Daß sich zwei Drittel der Neunzigjährigen noch selbst
eine Mahlzeit zubereiten können, wundert nicht. Es sind
ja fast ausschließlich Frauen.

Der Durchschnittsmann, ob alt oder jung, ist nicht nur außerstande, für andere Menschen zu sorgen. Er ist auch unfähig, für sich selbst zu sorgen.

Warum sollte er auch. Dafür gibt es schließlich Frauen. In vorindustriellen Gesellschaften konnte sich nur eine Minderheit für niedere Arbeiten Diener leisten. Heute steht fast der gesamten männlichen Bevölkerung eine Ehefrau, Lebensgefährtin oder Mutter als Dienerin zur Verfügung. Notfalls tut es auch die Tante oder Schwester. Die Verwandlung der Frauen in eine heimliche Dienerklasse sei eine ökonomische Leistung ersten Ranges gewesen. Das sagt ironisch nicht etwa Alice Schwarzer, sondern der amerikanische Wirtschaftswissenschaftler John Kenneth Galbraith.

Ein nicht geringer Teil der Hausarbeit ist der direkte Dienst an gesunden erwachsenen Menschen, die sehr wohl für sich selber zu sorgen in der Lage wären. Dies sind in erster Linie erwachsene Männer, vor allem Ehemänner und sonstige »Partner«. Sodann jugendliche oder auch erwachsene Kinder, insbesondere Söhne.

In den meisten Ehen und Partnerschaften dreht sich alles um die Bedürfnisse des Göttergatten. Wenn nicht, gibt es Konflikte. Nicht vom Zeitplan der Kinder, sondern vom Zeitplan des Mannes hängt es ab, wann die Frau aufsteht, wann sie einkauft und kocht. Hausfrauen berichten immer wieder, daß sie zu Hause sein müssen, wenn der Mann nach Hause kommt. Und daß es *ihm* nicht paßt, wenn sie abends weggeht. Obwohl das für die Mütter kleiner Kinder oft die einzige Möglichkeit wäre, mal etwas für sich zu unternehmen.

Der »Ernährer« glaubt, ein Anrecht darauf zu haben, seinen Feierabend in der geputzten Wohnung, am gedeckten Tisch und in der Gesellschaft seiner Frau zu verbringen. Abende wegzubleiben, sei es um im Club zu kegeln oder in der politischen Partei zu kungeln, ist für viele Frauen, die mit Männern zusammenleben, nicht drin. Es sei denn, sie darf *ihn* begleiten. Den Babysitter muß aber *sie* organisieren.

Wenn Mütter in den Beruf zurückwollen, schrillen bei den Vätern die Alarmglocken. Ihr bequemes Leben zu Hause ist in Gefahr. Frauen stoßen bereits auf den Widerstand ihrer Männer, wenn sie während des Erziehungsurlaubs Kontakt zu ihrer Firma halten. Eine Mitarbeiterin der Berliner Bank hat auf Weiterbildungsseminaren für Erziehungsurlauberinnen beobachtet, daß die Männer Angst haben, die Frauen könnten bei den Seminaren »aufgeweckt« werden und in den Beruf zurückstreben.

»Verliere ich meinen Mann, wenn ich abends einen Lehrgang besuche?« ist eine Frage, die den MitarbeiterInnen der Kölner »Beratungsstelle für Weiterbildung« häufig gestellt wird. Die Leiterin eines »Berufsorientierungskurses« für Hausfrauen in Hessen berichtet, daß sich der Druck der Männer auf die Frauen bei Kursende verstärkt: Nur Teilzeitarbeit oder Teilzeitausbildung der Frauen wird akzeptiert. Berufswünsche von Frauen, deren Umsetzung für eine befristete Zeit ihre ganze Kraft beanspruchen würde oder einen vorübergehenden Ortswechsel erforderte, sind indiskutabel.

Daß in den alten Bundesländern über drei Millionen Frauen halbtags arbeiten, hat weniger damit zu tun, daß diese Frauen kleine Kinder versorgen. Es hat mehr damit zu tun, daß diese Frauen große Kinder versorgen, nämlich ihre Männer, die nicht gewillt sind, auf die häuslichen Dienstleistungen zu verzichten. Wenn Frauen nach der »Familienphase« wieder berufstätig sein wollen, ist es oft der Ehemann, der darauf drängt, daß die Frau sich eine *Teilzeit*stelle sucht. Auch wenn die Kinder so groß sind, daß sie die Mutter zeitlich kaum noch in Anspruch nehmen. Bei fast der Hälfte aller in Teilzeit arbeitenden Mütter in den westlichen Bundesländern sind die Kinder 15 Jahre oder älter.

»Teilzeit-Frauen« sind durch Erwerbstätigkeit *und* Hausarbeit fast so stark belastet wie in Vollzeit Berufstätige. Ihre Männer nehmen ihnen so gut wie keine Hausarbeit ab. Frauen müssen noch dankbar sein, wenn ihnen die Männer bei der Rückkehr in den Beruf keine Knüppel in den Weg legen. Gabriele Deiter war vor der Geburt ihres Sohnes Sachbearbeiterin bei Audi Ingolstadt. Nach einem Jahr Erziehungsurlaub stieg sie als Teilzeit-Sekretärin bei der Autofirma wieder ein. Das sei nur möglich, sagte die junge Mutter zu einer Reporterin, »weil ich einen sehr großzügigen, netten und hilfsbereiten Mann habe und eine sehr nette Mutter, bei der der Kleine ist, während ich arbeite.« Mutter und Großmutter teilen sich die Arbeit und die Betreuung des Kindes. Der Vater ist so gnädig, diesem Arrangement zuzustimmen und vielleicht sogar auf die eine oder andere Annehmlichkeit zu verzichten.

Daß sie gegen die Berufstätigkeit ihrer Frauen sind, wagen Männer zwar nicht mehr offen zu sagen. Aber faktisch machen sie ihnen jede Menge Schwierigkeiten. Denn eine berufstätige Frau zu haben heißt, es bleibt etwas weniger für *ihn* übrig. Etwas weniger Kraft, *seinen* Dreck wegzumachen, *sein* Essen zu kochen, *seine* Hemden zu sortieren. Es bleibt etwas weniger Energie übrig, sich in *ihn* einzufühlen, sich *ihm* unterzuordnen, *seine* Büro-Sorgen anzuhören und *ihm* zur Verfügung zu stehen. Weniger Energie und vielleicht auch weniger Lust, ihm das heimische Nest so komfortabel wie möglich auszupolstern. Und auch weniger Notwendigkeit, weil die Frau, die eigenes Geld verdient, vom »Ernährer« weniger abhängig ist.

Walter Hollern aus Gummersbach im Bergischen Land steigt jeden Morgen um zehn vor sechs ins Auto und fährt zur Arbeit nach Köln. Er müßte nicht so früh starten. Aber er will noch vor der Hauptverkehrszeit sein Büro in der Kölner Innenstadt erreichen. Um ihrem Mann das Aufstehen zu so früher Stunde zu erleichtern, steht Beate Hollern noch ein bißchen früher auf als er. Und serviert ihm zum Frühstück seine Lieblingsspeise: frische Bratkartoffeln.

Auch heute noch versäumen Mütter, ihren Söhnen selbst die einfachsten Kulturtechniken wie Wäschewaschen oder Essenkochen beizubringen. »Ein Mann heiratet ja doch«, mögen sich die Mütter sagen (»und warum soll es seine Frau mal besser haben als ich?«). Und die Männer heiraten. Zumindest die meisten deutschen Männer beenden ihr Leben im Stand der Ehe. Erst wenn ein Mann Familie und Kinder hat, sehen alle, daß er ein richtiger Mann ist, der es im Leben zu was bringt.

Vor allem aber braucht er eine Frau, weil er sonst nicht lebensfähig ist. Oder wenigstens eine Freundin, die ihm den Dreck wegräumt. Bis es soweit ist, läßt er sich von der Mutter verwöhnen. Immer mehr junge Männer leben heute lange in der Herkunftsfamilie, lassen sich dort versorgen, bis sie eine Frau finden, mit der sie unter ein gemeinsames Dach ziehen, um dort ihr bequemes Leben weiterzuführen. Die Befriedigung ihrer Bedürfnisse nach einer sauberen Wohnung, nach warmen Mahlzeiten und schrankfertiger Wäsche geht von der Mutter nahtlos auf die Freundin über. Die ist dann auch noch zuständig für die geregelte Sexualität und die Organisation von Geselligkeit.

Mit der Ehe sichert sich der Mann mindestens mittelfristig diese Versorgungsleistungen an seiner Person, und zwar kostengünstig. Müßte er sich diese Dienstleistungen auf dem Markt kaufen, käme ihn das teuer zu stehen.

Sexualität mit Prostituierten kostet Geld und vermittelt selten die Illusion von Liebe. Außerdem hat noch die unattraktivste Ehefrau der schärfsten Nutte etwas voraus: die Prostituierte dient dem Mann nicht als Spiegel seiner Großartigkeit, oft wird er wie das arme Würstchen behandelt, das er ist. Aber zu Hause darf er sich aufspielen, dort ist er der Größte. Schließlich schafft er das Geld heran.

Vieles, was die Ehefrau oder Lebensgefährtin für ihn leistet, ist auf dem Markt unerschwinglich. Oder gar nicht erhältlich. Kein Partyservice würde Walter Hollern um sechs Uhr morgens frische Bratkartoffeln anliefern. Schon gar nicht im Oberbergischen. Die Frau macht es nicht nur umsonst. Sie tut es aus Liebe.

Der Staat läßt sich das Rundum-Sorglos-Paket für die verheirateten Männer einiges kosten: rund 30 Milliarden Mark. So hoch sind die jährlichen Steuerausfälle durch das »Ehegattensplitting«. Beim Splittingverfahren werden das Einkommen des Mannes und der Frau addiert und durch zwei geteilt. Dadurch wird der Steuersatz des Hauptverdieners gesenkt. Am günstigsten wirkt sich das aus, wenn der Mann viel verdient und die Frau kein eigenes Einkommen hat. Zum Steuerausfall durch die niedrigere Progression kommen noch Splitting-bedingte Doppelungen von Frei- und Pauschbeträgen hinzu. Das Splitting belohnt also die Hausfrauen-Ehe. Selbstverständlich auch die Hausmanns-Ehe, in der die Frau das große Geld verdient. Aber das kommt selten vor.

Die steuerliche Ehesubvention fördert gezielt die Abhängigkeit der Frau vom Mann, von seinem Einkommen und vom Fortbestand der Ehe. Das Splitting wirkt entmutigend auf Ehefrauen, ihre Berufe weiter auszuüben oder wieder einzusteigen. Denn der Steuervorteil schwindet, sobald sie wieder erwerbstätig ist. Er schwindet um so stärker, je mehr sie verdient.

Man könnte einwenden, durch den Splittingeffekt werde die Hausarbeit materiell anerkannt. Anerkannt wird aber nur die Hausarbeit der verheirateten Frauen, und zwar auf Kosten der ledigen SteuerzahlerInnen. Auch gehen die gesparten Steuermilliarden nicht in Form eines »Lohns für die Hausarbeit« an die Ehefrauen, die die Arbeit machen, sondern werden den Männern, die arbeiten lassen, gutgeschrieben. Nicht die Frau, sondern der Mann wird belohnt. Entscheidend für die Höhe der Steuerersparnis ist auch nicht die Belastung der Hausfrau, sondern die Höhe des Einkommens der Männer.

Alle Versuche, dieses ungerechte Steuersystem abzuschaffen, sind bisher gescheitert. Nicht zuletzt deshalb, weil die meisten deutschen Politiker und Abgeordneten, die darüber zu entscheiden haben, es sich in Hausfrauen-Ehen wohl sein lassen. Quer durch alle Parteien. Politiker gehören zu den ausgesprochen »Besserverdienenden«, die zusätzlich zu ihren Abgeordnetendiäten in Anwaltskanzleien, staatlichen oder privaten Wirtschaftsbetrieben oder als Aufsichtsräte anschaffen. Ein Spitzenverdiener ab 240 000 Mark Jahreseinkommen, mit nichterwerbstätiger Ehefrau, kassiert jährlich 24 000 Mark Steuersubvention. Wer wird darauf schon freiwillig verzichten?

Mit weiteren Milliarden wird die Hausfrauen-Ehe aus dem System der sozialen Sicherung gespeist. Obwohl die Familie mitversichert ist, zahlen Ehemänner die gleichen Beträge wie Ledige in die Krankenkassen ein. Unverheiratete kommen mit ihren Rentenversicherungsbeiträgen auch für die Witwenversorgung der Hausfrauen auf.

Die langjährige Vorsitzende des Juristinnenbundes und ehemalige hohe Bonner Beamtin Annemarie Mennel nennt die steuer- und sozialversicherungsrechtliche Subventionierung der Ehe »Patriarchenlohn«. Seine Gesamthöhe schätzt sie auf rund 80 Milliarden Mark jährlich.

Die Hausfrauen-Ehe wird fälschlich als Lebensform

von Frauen angesehen. Sie ist aber eine Lebensform von Männern, die sich die Arbeit von Frauen aneignen und sich obendrein ihre Faulheit vom Staat beziehungsweise von den Nichtverheirateten bezahlen lassen.

Beziehungsarbeit

»Seit nunmehr vier Wochen bangen die Eltern um das Leben ihres ältesten Kindes. Am 15. September hatte Willy Millowitsch dem jungen Motorradfahrer auf der Kreuzung Egelspfad/Brauweiler Straße die Vorfahrt genommen und ihn angefahren. Aus der Bewußtlosigkeit wachte Marco S. bisher nicht auf. Freunde, Bekannte und Marcos Clique melden sich täglich bei der Familie und erkundigen sich nach dem Befinden des Schwerverletzten. Ebenso die Familie Millowitsch: Jeden Tag ruft Gerda Millowitsch, die Frau des Volksschauspielers an, um zu erfahren, wie es dem Jungen geht. Und Tochter Mariele Millowitsch begleitete die Mutter Helene S. des öfteren ins Krankenhaus.«
Kölner Stadt-Anzeiger, 19.10.1988

Es geht nicht nur um das bequeme Leben, das die meisten Männer zu Hause erwartet, um Sex, eine saubere Wohnung und gebügelte Wäsche. Es geht vor allem darum, daß die Männer, diese Gefühlskrüppel, in den Frauen jemanden finden, der für sie die Beziehungsarbeit leistet. »Männer lassen lieben« – mit dieser Formel brachte der Berliner Therapeut Wilfried Wieck das passive Verhalten seiner Geschlechtsgenossen auf den Punkt.

Es sind mindestens drei Ebenen, auf denen Männer lieben lassen und sich die Gefühlsarbeit der Frauen aneignen: Frauen werden von ihnen sowohl verantwortlich gemacht für die Harmonie in der Paar-Beziehung als auch für den emotionalen Zusammenhalt der Familie. Und für bestimmte Kontakte zur Außenwelt, bei denen Gefühle eine Rolle spielen, also etwa die »delikaten« Fälle von Krankheit oder Tod im Bekanntenkreis, mit denen Männer nicht gern zu tun haben.

Wenn es sich nicht gerade um Geschäftsfreunde oder Sportkameraden des Mannes handelt, sind Frauen für die Geselligkeit zuständig. In nicht wenigen Paar-Konstellationen ist es die Frau, die der Tante des Mannes *seine* Geburtstagsgrüße übermittelt. Vor allem aber die Verantwortung für den häuslichen Frieden wird den Frauen zugeschoben. Im trauten Heim hat Harmonie zu herrschen, wenn der Ernährer nach Hause kommt.

Am wichtigsten aber sind die seelischen Bedürfnisse des Mannes selbst. Wenn er abends gestreßt heimkehrt, muß die Frau erst mal zuhören. Und ihn nicht etwa mit irgendwelchen Problemen belästigen. Der Mann muß seinen Ärger mit Kollegen und Chefs loswerden. Und die Frau muß ihm bestätigen, daß er trotz allem ein toller Hecht ist. Frauen sind für die emotionale Versorgung des Ehemanns oder Lebensgefährten zuständig, dafür, ihn wieder aufzurichten, wenn er geschafft von der Arbeit kommt. Sie sorgen dafür, daß er sich am nächsten Morgen erholt, frisch und munter erneut in den Kampf ums Bruttosozialprodukt stürzt. Durch die Ehe verschaffen sich die Männer einen Zugriff auf dauerhafte seelische Versorgung. Sie nehmen die Aufmerksamkeit und Zuwendung ihrer Frauen wie naturgegeben hin. Sie lassen sich von ihnen pflegen, umarmen, bedauern, bewundern und zu Gesprächen animieren. Umgekehrt läuft es aber nicht. Auf die gleiche Aufmerksamkeit und Einfühlsamkeit seitens ihrer Männer warten die meisten Frauen vergeblich. Männer sorgen sich im allgemeinen nicht um das seelische Wohlbefinden ihrer Frauen. Wenn sie ein Empfinden entwickeln für Bedürfnisse jenseits der eigenen, dann am ehesten noch für die Bedürfnisse von Otto- oder Dieselmotoren. Männer *fühlen*, ob das Motorrad frisches Öl braucht, oder ob beim Auto die Ventile neu eingestellt werden müssen. Daß die Ehefrau unterstützt, getröstet, aufgefangen werden müßte, entzieht sich dagegen meist ihrer Aufmerksamkeit. Schon deshalb, weil Männer lieber selber reden statt zuzuhören.

Indem sie die emotionale Stärke der Frauen anzapfen,

schützen sich Männer vor psychischen Erkrankungen. Frauen sind anfälliger für psychische Leiden, weil sie ihre emotionalen Energien ständig in andere hineinpumpen, in Männer und Kinder, ohne selbst genug zurückzubekommen.

Wird der Gefühlsparasit abgeschüttelt, der »Wärmestrom« (Ernst Bloch) unterbrochen, das heißt, reichen die Frauen die Scheidung ein, ist die Verblüffung bei den Männern groß. »Ich verstehe gar nicht, warum sie das tut«, klagt ein 45jähriger Finanzbeamter, Vater dreier fast erwachsener Kinder, dem Familienrichter sein Leid. »Ich habe immer alles für meine Familie getan. Ich hatte keine Affären, habe immer alles Geld abgeliefert, habe immer versucht, auf die Wünsche meiner Frau Rücksicht zu nehmen. Wir haben uns nie ernsthaft gestritten …«

Vor allem nach langjährigen Ehen sind Männer oft schier fassungslos, wenn die Scheidung ins Haus steht. Sie verstehen einfach nicht, daß die Frauen sie nicht länger bemuttern wollen. Daß vor allem Frauen, die Kinder großgezogen haben, es irgendwann leid sind, dem erwachsenen Mann weiterhin ein emotionales Kuschelnest zu bereiten, in dem er sich passiv wie ein Riesensäugling bis ans Ende seiner Tage versorgen läßt, übersteigt das männliche Vorstellungsvermögen.

Wenn die Frau die Schwiegermutter pflegt

»Es ist für mich unheimlich hart, wie ich es letztes Jahr
erlebt habe, daß ich zu Hause bin, habe einundvierzig
Fieber. Das war eine Situation, die werde ich meinen
Lebtag nicht vergessen. Ich habe ihn gefragt, ob er zu
Hause bleiben kann. Da hat er gesagt: ›Nee, es geht
nicht.‹ Und da habe ich gesagt: ›Verdammt noch mal, es
ist doch nur ein Anruf bei deiner Chefin.‹ Allein diese
Haltung, daß er nicht bereit war dazubleiben, hat mich
dermaßen auf die Palme gebracht, daß ich dann sehr
schnell gewaltig wütend wurde und dann in dem Maße,
wie das noch ging, rumgebrüllt habe. Ich konnte auch
nicht mehr. Er ist trotzdem gegangen.«
Karin Klees, Partnerschaftliche Familien

Pflege von alten, kranken oder sonstwie hilfsbedürftigen
Angehörigen ist Frauensache. Männer halten sich da heraus. Mit fürsorglichen, liebevollen, dienenden Aspekten
zwischenmenschlicher Beziehungen wollen sie nichts zu
tun haben. Pflege ist eine persönliche Arbeit an und mit
Menschen, die weder Ehre noch Geld einbringt. Oft ist sie
körperlich anstrengend und seelisch belastend. Also überläßt das starke Geschlecht sie lieber dem schwachen.

Es ist für niemanden einfach, sich über lange Zeit mit
Alter, Krankheit, Hinfälligkeit zu konfrontieren. Aber
Männer sind nicht einmal bereit, an wenigen Tagen im Jahr
bei ihren kranken Kindern auszuharren. Der gesetzliche
Anspruch auf Freistellung zur Pflege erkrankter Kinder
wird von ihnen kaum wahrgenommen. Längerfristige
Pflegeaufgaben kommen für sie gar nicht in Frage. Denn
das hieße ja, beruflich zurückzustecken. Vielleicht gar auf
Teilzeit zu gehen, oder für ein, zwei Jahre ganz aus dem
Erwerbsleben auszuscheiden, also ein Erwerbsverhalten
zu zeigen, bei dem Beruf und Karriere nicht um jeden Preis
Priorität genießen. Das aber wäre anscheinend irgendwie
»weibisch« und wird daher nicht in Erwägung gezogen.

Aber auch ältere Männer, die nicht mehr erwerbstätig sind, sind von Pflegearbeit weitgehend freigestellt.

Männer fühlen sich auch dann für die Pflege nicht zuständig, wenn es um die eigenen, hinfälligen Eltern geht. Dafür hat man schließlich geheiratet, damit die Ehefrau die Mutter des Mannes im Alter betreut. Selbst wenn diese Ehefrau durch Hausarbeit und Erwerbsarbeit bereits doppelt belastet ist. Frauen, die Angehörige pflegen, müssen sogar noch dankbar sein, daß der »Partner« das duldet – könnte er doch selber dabei »zu kurz kommen«, das heißt, auf einige Annehmlichkeiten zu Hause verzichten müssen.

Ein großer Teil der Frauen, die Familienangehörige pflegen, sind selber schon im Rentenalter. Viele haben »Pflegekarrieren« hinter sich, wie die 62jährige Kölnerin Helene Boven. Vor 35 Jahren pflegte sie drei Jahre lang die krebskranke Schwiegermutter, dann den Schwiegervater. Vor 21 Jahren wurde ihr eigener Vater zum Pflegefall. Jetzt pflegt sie seit zehn Jahren ihre inzwischen 86jährige Mutter. Der Ehemann von Helene Boven ist zwar auch Rentner. Aber die 24-Stunden-Bereitschaft für die alte Mutter ist ausschließlich ihre Sache.

Rund 1,1 Millionen Menschen mit »erheblichem Pflegebedarf« werden zu Hause betreut. »24-Stunden-Bereitschaft zum Nulltarif«, »Das stille Opfer der Töchter«, »Frauen verausgaben sich bis zur Erschöpfung« – durch den »Pflegenotstand« in Krankenhäusern und Heimen und durch die Diskussion um die Pflegeversicherung angestoßen, haben die Medien das Thema entdeckt.

Seit 1988 zahlten die Krankenkassen Zuschüsse zur häuslichen Pflege. Einmal im Jahr konnten Töchter oder Schwiegertöchter Urlaub vom Pflegedienst machen und sich auf Kassenkosten durch professionelle Kräfte vertreten lassen. Seit 1992 werden Pflegezeiten in der Rentenversicherung berücksichtigt. Mit der Einführung der Pfle-

geversicherung 1995 ist die Situation der »Pflegepersonen«
weiter verbessert, aber nicht grundsätzlich verändert worden. »Aus Kostengründen« ist die Pflegeversicherung so
konszipiert, daß ein Großteil der Arbeit nach wie vor an
den Familienangehörigen hängenbleibt. Die Kassenzu-
schüsse reichen für eine vollprofessionelle Betreuung zu
Hause nicht aus. Männer, Staat und Gesellschaft bauen
weiterhin auf das »stille Opfer« der Töchter und Schwiegertöchter.

Cholesterin, Becquerel und Arbeitslosigkeit

»… und … nuja … Hausarbeit. Also, eingekauft hab' ich
während der Arbeitslosenzeit. Eingekauft hab' ich das
meiste, neunzig Prozent, kann man sagen. Bis auf Fleisch
und so weiter, wo ich mich da nicht auskenne wie sie.
Das hab' ich dann nicht eingeholt. Und … abwaschen,
abgespült, staubgesaugt hab' ich nicht. Weil, das finde
ich fade, das mach' ich nicht. Nu ja, ich mein', man muß
auch sein' Standpunkt beibehalten.«
Arbeitsloser kaufmännischer Angestellter,
verheiratet, keine Kinder
(Aus: Siegfried Heinemeier, Zeitstrukturkrisen)

Die häusliche Versorgungsstation, in der Männer Lebens-
energie und seelische Stabilität tanken, ist bisweilen besonderen Belastungen unterworfen. Zum Beispiel dann, wenn
eine von Männern in der Außenwelt etablierte Technik
außer Kontrolle gerät und Umweltkatastrophen das traute
Heim erschüttern.

Nach dem Reaktorunfall von Tschernobyl waren Frauen
monatelang damit beschäftigt, die Familienmitglieder so
gut wie möglich vor radioaktivem Fallout zu schützen.
Nicht die Männer eilten in die Läden, um becquerelfreie
Lebensmittel einzukaufen. Nicht sie waren es, die die Kinder bei »strahlendem« Frühjahrswetter im Hause beschäftigen mußten, bis auf den Spielplätzen der verseuchte Sand
ausgetauscht war. Auch vom ständigen Dienst an der
Waschmaschine, in der die strahlenverseuchte Kleidung
gereinigt wurde, waren Männer weitgehend freigestellt.

Zynischerweise könnte man sagen: Die Männer taten
recht daran, die Putz- und Entseuchungsarbeiten nach
Tschernobyl den Frauen zu überlassen. Denn die Grenz-
werte für ionisierende Strahlung sind auf den 1,80 Meter
großen, 75 Kilogramm schweren und dreißig- bis fünf-
undvierzigjährigen sogenannten Normalbürger zuge-

schnitten. Dieser ist immer männlich. Für Frauen, Kinder und alte Menschen ist das Strahlenrisiko also tatsächlich größer.

Dafür ist das Herzinfarktrisiko bei Männern höher. Seit die Zusammenhänge zwischen Herzkrankheiten, Cholesterinspiegel des Bluts und Ernährung bekannt sind, haben Frauen eine weitere Fürsorgeaufgabe am erwachsenen Mann zu leisten. Sie müssen darauf achten, daß er sich nicht zu Tode ißt. Das Essen, das die Hausfrau serviert, darf nicht dazu führen, daß die Arterien des Mannes mit Fettrückständen verkleben, daß sie vorzeitig rauh und eng werden. Die Frau ist für die richtige Ernährung des »Ernährers« verantwortlich. Sie wird zur Nahrungsmittelexpertin, lernt den Unterschied zwischen gesättigten, ungesättigten und mehrfach gesättigten Fettsäuren, weiß, welche Vitamine in welchen Lebensmitteln enthalten sind und wie man eine nicht nur wohlschmeckende, sondern zugleich vollwertige, ballaststoffreiche und ausgewogene Mahlzeit zubereitet.

Wenn Männer ihre Arbeit verlieren, kommen ganz besondere Belastungen auf die Frauen zu. Naiverweise könnte man annehmen, daß Männer, die nicht mehr Tag für Tag ihre Arbeitskraft in Fabriken und Büros verausgaben, mehr Hausarbeit leisteten. Das Gegenteil ist meist der Fall.

Für fast alle Männer ist die Erwerbsarbeit ein so wesentlicher Teil ihrer Identität, daß Arbeitslosigkeit einer Katastrophe gleichkommt. Viele werden apathisch bis depressiv, lassen sich zu Hause völlig hängen. Ihre Zeit verbringen sie mit Schlafen und Fernsehen. Hier ist wieder einmal die psychologische Einfühlsamkeit der Frauen gefragt. Sich in den Mann hineindenken, spüren, was er braucht, kann ihn vielleicht vor dem dauerhaften Abgleiten in die Lethargie bewahren. Ist der »Ernährer« arbeitslos, muß die Frau auch mehr Energie darauf verwenden, die Harmonie in der Familie aufrechtzuerhalten. Spannungen mit den Kindern treten auf. Der Vater, der sonst meist durch Abwesenheit glänzte, hängt jetzt zu Hause herum und verbreitet schlechte Laune. Die Kinder müssen ihren Konsum an Klamotten und Taschengeld einschränken.

Weniger Berufsarbeit für Männer heißt für Frauen in jedem Fall mehr Hausarbeit. Der Zwang zur sparsameren Haushaltsführung bleibt an ihnen hängen. Sie müssen sich um günstigere Einkaufsmöglichkeiten kümmern. Die zeitraubende Jagd nach den Sonderangeboten scheint den Männern ohne Job nicht zuzumuten zu sein. Schon gar nicht die vermehrte »Eigenarbeit« im Haushalt, das Backen, Schneidern, Einwecken von Gemüse und Obst, auf das sich die Frauen wieder besinnen, um den Lebensstandard der Familie möglichst lange aufrechtzuerhalten.

Es gibt auch arbeitslose Männer, die die vorgegebenen Zeitstrukturen der Familie (Schulzeiten der Kinder, Ladenöffnungszeiten, Erwerbszeiten der Frau, Essenszeiten) als sinnvolle Stütze für das eigene Leben ansehen. Sie sind dann auch bereit, sich verstärkt im Haushalt zu betätigen. Das wird allerdings von ihnen als Ausnahme während der Zeit der Arbeitslosigkeit verstanden. Sie machen schnell deutlich, daß es ihnen nicht grundsätzlich um eine gerechtere Verteilung der Hausarbeit geht. Wenn sie erst eine neue Stelle gefunden haben, rühren sie Staubsauger und Einkaufskorb nicht mehr an.

Auch in denjenigen Haushalten, in denen die arbeitslosen Männer schon mal zur Spülbürste greifen, sind die Frauen extrem belastet. Kleine Freiräume der Hausfrau, zum Beispiel der Besuch von Freundinnen, sind jetzt nicht mehr möglich, weil die Frau nun den ganzen Tag den Mann »um die Füße hat«. Ähnlich erleben es Hausfrauen, deren Männer in den Ruhestand gehen. Mit dem bißchen

Freiheit, das sie genossen, als die Kinder größer wurden, ist es wieder vorbei. Der Mann ist nun den ganzen Tag im Haus und stellt – ähnlich wie ein Kleinkind – ständig Ansprüche an ihre Zeit, Aufmerksamkeit und Arbeitskraft. Zum Beispiel muß jetzt wieder das Essen pünktlich auf den Tisch.

Die Arbeitslosigkeit der Frau wird in den meisten Familien als weniger einschneidend erlebt. Oft werten die Männer die Erwerbstätigkeit der Frauen ab, bagatellisieren ihr Einkommen als »Zusatzverdienst«, auf den man gut verzichten könne. Die Männer arbeitsloser Frauen betonen gern das »ruhigere« Familienleben, das man jetzt, wo die Frau wieder daheim ist, habe. Was sie meinen: Sie haben es jetzt wieder bequemer. Fast alle Männer erwerbstätiger Frauen geben nämlich die früher übernommene Hausarbeit sofort ab, wenn die Frauen arbeitslos werden.

Der partnerschaftliche Mann

> »Ich habe mich nie gescheut zu spülen oder die Kinder
> trockenzulegen, wenn meine Frau nicht da war. Nicht
> nur für wichtige Verpflichtungen, auch als sie anfangs
> mal einmal in der Woche an einem Kegelnachmittag teil-
> nahm, habe ich die Kinder versorgt, soweit das möglich
> war und meine Mutter oder Schwiegermutter nicht
> aushelfen konnten.«
> *59jähriger Beamter,*
> *verheiratet mit 57jähriger Politikerin*
> *(Aus: Inge Sollwedel,*
> *Neue Männer für die neuen Frauen?)*

Oberflächlich betrachtet, hat sich das Geschlechterverhältnis in den letzten 20 Jahren grundlegend verändert, hin zu mehr Gleichheit, Arbeitsteilung, Partnerschaft.

Wenn Helge Pross 1976 feststellen mußte, daß Männer
fast durchgängig jede Form von Rollenteilung ablehnten,
so ist man heute partnerschaftlich eingestellt. Das Image
des unverbesserlichen Chauvi paßt nur noch für Männer
über 60 oder für Proleten mit mangelhafter Schulbildung.
Alle anderen geben sich progressiv und versichern den
SozialforscherInnen mit treuherzigem Augenaufschlag,
sie fänden es gut, wenn beide, Mann und Frau, berufstätig
seien und sich die Hausarbeit teilten. Zwei Drittel der 1993
von Allensbach befragten Männer behaupteten sogar,
ohne rot zu werden, es sei richtig, wenn Mann und Frau
die Pflege kranker Angehöriger gemeinsam übernähmen.
Und fast noch die Hälfte erwärmte sich für den Gedanken,
in einer Partnerschaft solle der Mann bei der Karriere
etwas zurückstecken, damit die Frau erwerbstätig sein
kann. Ein Drittel kann sich sogar vorstellen, daß der Mann
den Erziehungsurlaub nimmt.

Leere Worte, wie nicht zuletzt die Daten über den

Erziehungsurlaub zeigen: »Erziehungsurlauber« sind zu 99 Prozent Frauen. Den »partnerschaftlichen« Männern geht es nicht darum, die Hälfte der gesellschaftlichen Arbeit zu übernehmen. Es geht ihnen darum, ihr Image aufzupolieren.

Mag ja sein, daß viele jüngere Männer ursprünglich wirklich die Absicht hatten, ihre Frauen nicht zur Dienstmagd verkommen zu lassen. Das gibt sich aber schnell, wenn sie erst einmal mit der Realität der Hausarbeit konfrontiert sind. In ihrer Jugend hatten sie dazu offenbar keine Gelegenheit. Da mag so mancher Mann bei »partnerschaftlicher Arbeitsteilung« an den gemeinsamen Einkauf am Samstagvormittag gedacht haben. Und nun soll er plötzlich das Geschirr spülen und das Klo putzen. Und zwar regelmäßig und nicht nur dann, wenn er gerade mal nichts Besseres vorhat.

Da hat er sich in Vorfreude auf das Kind als »neuen Vater« gesehen, der mit dem Kleinen spielt und schmust. Und nun findet er sich in Begleitung des quengelnden Söhnchens im überfüllten Wartezimmer der Kinderärztin wieder. Auf die Frage, welche Krankheiten der Kleine schon hatte, muß der Vater passen. So hatten sich viele das nun doch nicht vorgestellt. Und deshalb wird die »Mithilfe« im Haushalt spätestens bei der Geburt des ersten Kindes eingestellt.

»Partner« bedeutet Teilhaber, Teilnehmer, Genosse, Mitspieler. Die meisten Männer spielen aber nach wie vor nicht mit. Und die anderen, die Minderheit der Männer, die tatsächlich Hausarbeit leistet? Guckt man bei ihnen genauer hin, so endet die Partnerschaft bei den meisten, sobald aus »Mithilfe« Ernst werden soll.

Es gibt kaum eine Spezies in unserer Gesellschaft, für deren Erforschung soviel Geld und Geist investiert werden wie die »partnerschaftlichen Männer«. Irgendwo müssen sie doch zu finden sein, die Partner, die wirklich die Hälfte der Hausarbeit übernehmen. Bei vielen stellt sich dann heraus, daß sie glauben, sie machten die halbe Hausarbeit, wenn es in Wirklichkeit nur zehn Prozent sind. Aber schon folgt die nächste vom Bundesfamilienministerium bezahlte Untersuchung, von der alle hoffen, daß sie endlich das Wunder zutage fördert: eine steigende Zahl partnerschaftlicher Männer.

Wo das Erkenntnisinteresse von Politik und Wissenschaft nicht ausreicht, helfen die »Partner« selber nach; kaum ein Hausmann, der nach einem halben Jahr Dienst an Waschmaschine und Wickelkommode nicht den Drang verspürte, seine Erlebnisse der staunenden Medienöffentlichkeit zu unterbreiten.

Ein einzelner Mensch kann nicht einen »Normalarbeitstag« in Büro oder Fabrik ableisten und gleichzeitig einen Mehrpersonenhaushalt führen, womöglich noch mit kleinen Kindern. Viele alleinerziehende Mütter sind daher auf Sozialhilfe angewiesen. Für Frauen in »Partnerschaften« erscheint Teilzeitarbeit als Ausweg aus diesem Dilemma. Ein Ausweg, der oft keiner ist, weil die Männer nicht mitziehen. Teilzeit-Frauen werden zu Hause von ihren »Partnern« so gut wie nicht entlastet. Wie es um die »Partnerschaft« eines Mannes wirklich steht, läßt sich daran ablesen, ob er bereit ist, seinerseits den Beruf nur noch in Teilzeit auszuüben.

Jeder zehnte vollzeiterwerbstätige Mann in den alten Bundesländern möchte nach einer Umfrage gern in Teilzeit arbeiten. Die wenigsten tun es. Nach Angaben der Bundesanstalt für Arbeit gab es 1990 in der »Alt-BRD« 2,4 Millionen sozialversicherungspflichtige Teilzeitbeschäftigte (18 Wochenstunden und mehr). 92 Prozent davon waren Frauen. Von den 190 000 männlichen Teilzeitarbeitern muß man noch die Älteren abziehen, die diese Erwerbsform als gleitenden Übergang in den Ruhestand ausüben und die wegen gesundheitlicher Einschränkungen Teilzeitarbeitenden. Sodann alle diejenigen Berufseinsteiger, wie zum Beispiel wissenschaftliche Mitarbeiter an Universitäten oder Auszubildende nach der Prüfung, denen nur Teilzeit-Stellen, oft noch befristet, angeboten werden.

Männer, die mitten im Arbeitsleben aus eigenem Antrieb ihre Erwerbstätigkeit einschränken, um mehr Zeit für die Kinder, für die Frau oder für eigene Interessen zu haben, sind eine verschwindende Minderheit. In den alten Bundesländern sind es etwa 80 000.

Nun spätestens setzt das bekannte Lamento ein:

»Ja, Teilzeitarbeit, wunderbar, aber in meiner Firma geht das nicht.«

»In meiner verantwortungsvollen Position kann ich nicht halbe Tage wegbleiben.«

»Da werde ich doch im Betrieb nicht mehr ernstgenommen.«

»Das kann ich mir finanziell überhaupt nicht leisten. Wovon soll denn dann die Familie leben?«

Und so weiter und so weiter. Geschenkt. Sicher gibt es eine Menge Schwierigkeiten, vor allem in der privaten Wirtschaft, wenn bei qualifizierten Tätigkeiten Stellen geteilt werden sollen. Aber diese Schwierigkeiten sind weniger arbeitsorganisatorischer oder finanzieller Natur. Es sind »kulturelle« Schwierigkeiten. Es schickt sich einfach nicht, daß ein männlicher Abteilungsleiter oder Facharbeiter nur vier oder fünf Stunden am Tag auf seinem Posten ist. Man könnte ja denken, daß der Mann kein Interesse an seiner Arbeit hat, wie es den »hinzuverdienenden« Frauen gern unterstellt wird. Ein Mann muß von morgens bis abends im Dienst der Firma und des beruflichen Fortkommens aufgehen, sonst ist er nicht richtig ernst zu nehmen. Auch wenn er Tage oder Wochen auf überflüssigen Geschäftsreisen oder überteuerten Managementseminaren zubringt. So denken nicht nur die obersten Chefs, sondern vor allem die betroffenen Männer selbst. Sonst würden sich mehr von ihnen energischer um Teilzeitarbeit bemühen. Aber teilzeitarbeitende Männer empfinden sich als »teilkastriert«, hat Diethard Specht, Personalleiter bei ContiTech Hannover festgestellt. Oder flüchten sie nur vor den Mühen des Haushalts?

Das öffentliche Klima ist den »Zeitpionieren« durchaus förderlich. Viele sehnen sich nach weniger Berufsarbeit. Familienministerinnen in Bund und Ländern, aber auch Gewerkschaften und Arbeitgeberverbände plädieren für mehr Teilzeitstellen in qualifizierten Berufen.

Obwohl so wenige Männer bisher diesen Lockrufen gefolgt sind, ist einiges über freiwillige Teilzeitarbeiter bekannt. 1988 haben Sozialwissenschaftler der FU Berlin einige Hundert dieser Stecknadeln im großen Heuhaufen der karriereorientierten Männlichkeit ausfindig gemacht und befragt. Die meisten gehören der gehobenen Bildungsschicht an, sind Wissenschaftler, Sozialarbeiter, Ingenieure, Beamte, Lehrer. In der Berliner Stichprobe fanden sich aber auch vereinzelt Facharbeiter und Manager.

Drei Viertel der befragten freiwilligen Teilzeitarbeiter waren Väter kleiner Kinder. Der Wunsch nach »aktiver Vaterschaft« war auch ausschlaggebend für das reduzierte zeitliche Engagement im Beruf. Gleich häufig wurde der Wunsch nach »mehr Zeit für sich persönlich« als Motiv genannt. Bei diesen raren Exemplaren egalitär gesonnener Männlichkeit stand das Motiv, der Partnerin weiterhin die Berufstätigkeit zu ermöglichen, an dritter Stelle. Allerdings haben viele erst auf Druck ihrer Frauen hin die

Berufsarbeit eingeschränkt. »Ich kriege kein Kind, wenn du nicht auf Teilzeit gehst«, zitieren die Wissenschaftler die Partnerin einer der befragten Männer.

Auch die Ausnahme-Männer der Berliner Studie überlassen ihren Frauen den größeren Teil der Hausarbeit. Von den Routinearbeiten übernehmen die teilzeitbeschäftigten Männer nur das Einkaufen und das Geschirrspülen häufiger als ihre ebenfalls berufstätigen Frauen. Beim Putzen, Aufräumen und Kochen halten sich die Partner ein bißchen zurück. Und der traditionelle Ekel der Männer vor Textilien schlägt bei teilzeitbeschäftigten Männern ebenfalls durch: Waschen, Nähen, Bügeln ist auch im Haushalt der »Zeitpioniere« Frauensache. Er bemüht sich dagegen, wie man es aus ganz konventionellen Ehen kennt, um Behördengänge und Reparaturen im Haushalt.

Wenn die Frau des Teilzeitarbeiters voll berufstätig ist, erhöht sich sein Engagement im Haushalt nur unwesentlich. Fast die Hälfte der zeitintensiven Pflichten wie Putzen, Kochen und Aufräumen überläßt der teilzeitbeschäftigte Mann gern seiner Frau. Immer bleibt was liegen, was die berufstätige Frau dann am Wochenende erledigen muß.

Aber diese Männer haben ja vor allem deshalb ihren beruflichen Einsatz reduziert, weil sie mehr Zeit für ihre Kinder haben wollten, und weniger, um ihre Partnerin von Hausarbeit zu entlasten. Das tägliche Zusammensein mit den Kindern beschreiben die Väter als sehr beglückend. Es ist ausschlaggebend dafür, daß die meisten befragten teilzeitbeschäftigten Männer mit ihrer Situation zufrieden sind.

Eine annähernd gleiche Verteilung der Arbeit im Hause wird auch nur bei der Kinderbetreuung erreicht. Wobei die Routinearbeiten wie das Waschen der Babywäsche und die Verantwortung dafür, daß der Vorrat an Milupa-Gläschen rechtzeitig aufgestockt wird, wundersamerweise wieder einmal bei den Frauen landen. Knapp ein Viertel der von den Berliner Sozialwissenschaftlern befragten teilzeitbeschäftigten Männer konnte auch berichten, daß die Großeltern die Kinder mitbetreuen.

Selbst die wohlwollendsten Männer sind kaum bereit, die Last der Familienarbeit wirklich gerecht zu teilen. Wie ist es sonst zu erklären, daß immerhin zwei Drittel der in der Berliner Studie befragten Teilzeitarbeiter in der einen oder anderen Weise ihre Freizeitaktivitäten ausdehnen konnten? Wenn auch nur in bescheidenem Ausmaß, wie vor allem die »aktiven Väter« bedauern. Sich durch die Reduzierung der Erwerbsarbeit stärker in ihren persönlichen Hobbys zu entfalten, gelingt vor allem den älteren Männern, die keine kleinen Kinder zu versorgen haben. Sie machen Gartenarbeit, besuchen Hochschulkurse und verbringen mehr Zeit mit ihrer Frau.

Zum Vergleich: In Teilzeit erwerbstätige Frauen gehören zu den am stärksten mit Arbeit belasteten Menschen überhaupt.

Dennoch sind Männer, die – auch um der Familie willen – freiwillig ihre berufliche Arbeit reduzieren, nicht nur als »Zeitpioniere« gegen die lebenslange tagtägliche Achtstunden-Berufsarbeit anzusehen. Sie sind vor allem Pioniere eines egalitären Geschlechterverhältnisses.

Natürlich kommt die Familie eines Teilzeitarbeiters finanziell nur dann über die Runden, wenn die Frau ebenfalls berufstätig ist. Ein von den Vätern unter den Befragten häufig genanntes Motiv für die eigene berufliche Zurückhaltung war ja gerade, den Frauen nach der Geburt des Kindes zu ermöglichen, weiter berufstätig zu sein. Die freiwillige Teilzeitarbeit der Männer ist eine bewußte Absage an den alten Mythos vom Mann als »Ernährer der Familie«. Es geht um die gerechte, das heißt möglichst paritätische Teilung sowohl der Erwerbsarbeit als auch der

Familienarbeit. Und das heißt, daß dann eine Familie eben einen »Ernährer« und eine »Ernährerin« hat, die sich gleichermaßen und gleichberechtigt, auch gleichverpflichtet, um Küche, Kinder und »Kohle« bemühen.

Die Berliner Studie zeigt, daß der Einwand, bei Teilzeitarbeit des Mannes reiche das Einkommen nicht, ein Vorwand ist. Bei den 234 befragten Männern gab es dieses Problem so gut wie nicht. Dabei hatten keineswegs alle derart hochbezahlte Berufe, daß auch das halbe Gehalt ausgereicht hätte. Vielmehr waren alle Männer und ihre Partnerinnen bereit, das Konsumniveau etwas zu senken. Sie gaben im Schnitt weniger Geld für Kleidung aus, bei anderen wurde der Urlaub in der Ferienwohnung zugunsten eines Urlaubs bei den Großeltern auf dem Land gestrichen. Einige hatten sogar aufs Auto verzichtet.

Das andere immer wieder genannte Hindernis für Männer, ihre Arbeitszeit zu reduzieren, ist die Ablehnung dieser Arbeitsform durch die Arbeitgeber. Trotz aller öffentlicher Beschwörungen des Gegenteils ist Teilzeitarbeit bis heute eine Sonderarbeitsform für Frauen. Sie wird fast ausschließlich in anstrengenden, schlecht bezahlten oder wenig qualifizierten Berufen angeboten, in denen es keine Aufstiegschancen gibt. Putzfrauen, Politessen und Supermarktkassiererinnen sind fast immer in Teilzeit beschäftigt. Männern werden solche Arbeiten erst gar nicht zugemutet. Teilzeit für Lektoren, Hochschuldozenten, Ingenieure, Sachbearbeiter und Manager ist angeblich nicht machbar. Die Männer der Berliner Studie haben sie aber für sich durchgesetzt. Auch wenn das nicht einfach war. Vor allem die in der Privatwirtschaft Beschäftigten haben dabei mit Schwierigkeiten zu rechnen.

Der Mann besorgt die zum Überleben der Familie notwendige Nahrung, indem er das Wild jagt. Die Frau hütet die Kinder und pflegt eventuelle Wunden des Mannes (heutzutage handelt es sich dabei meist um seelische Wunden). Sie schafft einen Schonraum, in dem die zum Überleben der Art notwendige Nachkommenschaft geschützt aufwachsen kann.

Mit dieser Lebensphilosophie wurde der Mitarbeiter der Entwicklungsabteilung einer Firma konfrontiert, als er seine Pläne darlegte, auf halbe Stelle zu gehen. Mit seinem Halbe-Halbe-Modell werde das Paar scheitern, prophezeite der Chef, »denn dann verhalten Sie sich widernatürlich«.

Beim EDV-Hersteller Hewlett Packard hat man die Steinzeit schon hinter sich. Die Firma, eine der größeren der Branche, ist bekannt für ihre großzügigen und flexiblen Arbeitszeitmodelle. So hatte denn auch der bei Hewlett Packard in Bad Homburg tätige Systemanalytiker Gerd Nieland keine Probleme, seine Arbeitszeit für die Dauer eines Jahres auf 32 Wochenstunden herabzusetzen, um sich der Erziehung seiner kleinen Tochter zu widmen. Allerdings mußte Nieland während dieser Zeit seine Funktion als Projektleiter aufgeben und als einfacher Ingenieur tätig sein.

Als ein 35jähriger Arzt, Vater von zwei Kindern, seinen Klinikchef mit dem Wunsch nach Arbeitszeitverkürzung konfrontiert, sieht auch dieser Chef den Untergang des Abendlandes heraufdämmern. »Er hat gesagt, ich häng' mich auf, wenn solche Sitten eingeführt werden«, erinnert sich der Arzt. Die »Sitten« wurden eingeführt – übrigens ohne daß es zum Chefarzt-Selbstmord kam –, weil der Arzt eine Verbündete in der Krankenhausverwaltung fand. Diese bewilligte zum Abbau der Arbeitsbelastung eine zusätzliche halbe Stelle.

Fast alle erfolgreichen Teilzeit-Interessenten der Berliner Studie hatten zunächst ihre unmittelbaren Vorgesetzten überzeugt. Dabei mußte der Wunsch immer wieder beharrlich und ausdauernd vorgetragen werden. Die »Zeitpioniere« legten sich eine Strategie zurecht, um Widerstände rechtzeitig zu erkennen und zu überwinden. Sie selbst waren es meist, von denen man Lösungsvorschläge für die tatsächlichen oder befürchteten arbeitsorganisatorischen Probleme erwartete. Viele teilzeitbeschäftigte Männer machten die Erfahrung, daß der Vorgesetzte, wenn er erst einmal überzeugt war, sich höheren Orts engagiert für die Arbeitszeitwünsche seines Mitarbeiters einsetzte.

Die miese Situation auf dem Arbeitsmarkt verbietet es den meisten teilzeitwilligen Männern, so hoch zu pokern wie ein in der Berliner Studie befragter Informatiker. Der hörte auf seinen Wunsch nach Arbeitszeitverkürzung eine Standardausrede: »Die Auftragslage läßt das nicht zu.« Schließlich drohte die begehrte Fachkraft mit der Kündigung. Woraufhin die erstrebte halbe Stelle plötzlich und ohne weitere Probleme eingerichtet wurde.

Wenn der Kampf um die Arbeitszeit erfolgreich bestanden ist, fangen andere Schwierigkeiten erst an. Männer mit reduzierter Erwerbsarbeit schildern Probleme, die teilzeitbeschäftigte Frauen ebenfalls kennen. Viele haben das Gefühl, daß ihnen Kollegen und Vorgesetzte die Reduzierung der Arbeit auch als mangelndes inhaltliches Interesse auslegen. Betriebs- und Personalräte verhalten sich bestenfalls abwartend-neutral. Viele Teilzeitbeschäftigte glauben, am Informationsfluß in der Firma oder Verwaltung nicht im gleichen Maße wie vorher beteiligt zu sein. Ihre Aufstiegschancen schätzen sie eher skeptisch ein.

Gesellschaftliche Umbrüche verlaufen nicht ohne Knirschen im Getriebe. Alltagsveränderungen sind nur mit Anlaufschwierigkeiten zu haben. Die Probleme der »Zeitpioniere«, und zwar der Männer und der Frauen, können erst dann dauerhaft gelöst werden, wenn Teilzeitarbeit für Männer zur Selbstverständlichkeit wird.

Der Hausmann

»Ich finde für mich, das müßte bezahlt werden. Das ist absolut ... das ist zwölf Stunden Maloche, und manchmal noch länger ... Ich finde das immer schon so beknackt, daß sich viele Männer das absolut nicht vorstellen können, wie anstrengend das ist. Ich konnte es mir manchmal auch nicht vorstellen. Denn wenn sie damals während des Mutterschaftsurlaubs zu Hause war und gesagt hat, ich bin kaputt, ich bin abends kaputt, ja dann hab' ich immer zu mir gesagt, also 'n bißchen übertreibt sie ja.«

Erzieher, jetzt Hausmann, 30 Jahre, ein Kind.
Die Partnerin ist vollzeit-erwerbstätig.
(Aus: Burkhard Strümpel, Wolfgang Prenzel,
Joachim Scholz, Andreas Hoff, Teilzeitarbeitende
Männer und Hausmänner)

Hausmann Paul hat ein schweres Leben. Morgens sieht man den kleinen, sanften Mann mit dem Söhnchen zum Spielplatz ziehen. Nachmittags muß Paul waschen, putzen, bügeln und das Abendessen kochen. Paul hat eine starke, karriereorientierte Frau geheiratet. Wenn die Gattin abends nach Hause kommt und sich nach einem ausgeruhten Liebhaber sehnt, steht Paul in der Küchenschürze da und überlegt, ob die Sauce noch nachgewürzt werden muß.

Hausmann Christoph ist mittelgroß, schlank und sieht wie ein ganz normaler Mann aus. Er ist von Beruf Bauingenieur, hat zuvor halbtags gearbeitet und ist jetzt, nicht ganz freiwillig, zu Hause, um sich um die beiden Töchter der Familie, sieben und drei Jahre alt, zu kümmern. Das ergab sich so, weil Christophs Frau, die ein Jahr älter ist als er, als erste Examen machte und als erste von beiden eine Stelle bekam. Dann machte sie auch noch Karriere, mußte in eine andere Stadt umziehen, und Christoph zog mit. Hausmann Christoph hat es leicht. An vier Tagen in der

Woche kommt vormittags eine Tagesmutter, die sich mit den Kindern beschäftigt und auch einen Teil der Hausarbeit macht. Christoph braucht sich erst nachmittags um seine Töchter zu kümmern. Er kocht und näht ihnen die Knöpfe an. Christoph wird bald wieder in seinem Beruf als Ingenieur arbeiten.

Hausmann Paul ist eine Erfindung der ARD aus dem Fernsehspiel »Hausmänner«. Hausmann Christoph gibt es wirklich. Er heißt mit Nachnamen Heesing und ist der Ehemann der ehemaligen Finanzministerin des Landes Hessen, Dr. Annette Fugmann-Heesing.

Eher als der faktische Christoph scheint der fiktive Paul die in der Gesellschaft herrschende Vorstellung vom Hausmann zu verkörpern. »Lieb, aber völlig unerotisch« beschreiben Frauen das Hausmann-Image. Eigentlich müßten wir Frauen doch dankbar sein, daß es diese Exoten überhaupt gibt, daß es Männer gibt, die der Gesellschaft im allgemeinen und ihren Geschlechtsgenossen im besonderen zeigen, daß Frauen sehr wohl die Familie »ernähren« können und ganztägige Hausarbeit Männer nicht entehrt.

Oder entehrt es sie doch? In den zahlreichen Berichten über Hausmänner, die in den letzten Jahren in den Medien erschienen, führen die Betroffenen immer wieder Klage, daß niemand sie ernst nimmt, weder die Supermarkt-Kassiererin, die sich wundert, was der Mann in der Blüte seiner Jahre mitten in der Woche im Laden zu suchen hat, noch die »Kollegin« im Mietshaus, die die Einladung auf eine Tasse Kaffee am Vormittag mißtrauisch ablehnt.

Die eigenen Eltern oder Schwiegereltern reagieren bedrückt bis empört: Offenbar ist der Sohn beziehungsweise Schwiegersohn nicht Manns genug, seine Familie zu ernähren und läßt die Frau für sich arbeiten.

Auf den Bänken am Spielplatz verstummen die Gespräche der Mütter über Geburt und Stillen, sobald sich der männliche »Kollege« mit seinem Sprößling nähert. Auch in der Kindergruppe wird der Hausvater von den anderen Frauen mißtrauisch beäugt – die Zeiten der 68er Kinderläden, in denen Frauen und Männer sich gleichermaßen engagierten (zumindest taten die Männer so), sind längst vorbei. Die Kolleginnen trauen dem Hausmann nicht so recht zu, daß er mit dem Kleinkind überhaupt umgehen kann. Sie haben da meist mit den eigenen Männern und deren innerem Widerstand gegen Familienarbeit leidvolle Erfahrungen gemacht.

Freunde, Bekannte und ehemalige Arbeitskollegen neigen eher zur Geringschätzung. Außer für Frau und Kinder sei er der »Alltagsclown«, stellt ein enttäuschter Betroffener in der Wochenzeitung ›Die Zeit‹ fest. Die Frage, wer denn in der Familie in Zukunft die Kinder auf die Welt bringe, gehöre dabei noch zu den harmloseren Scherzen.

In der Tat hat die Vorstellung einer völligen Umkehr der patriarchalen Rollenverteilung – sie streckt sich abends mit einem Glas Bier vor dem Fernseher aus, er bringt, noch in der Küchenschürze, schnell die quengelnde Brut zu Bett – etwas Lächerliches an sich. Offenbar werden durch diesen Rollentausch so tiefe geschlechtliche Identifikationsmuster berührt, daß selbst die Partnerinnen der Hausmänner, die von diesem Arrangement profitieren, verunsichert sind. Nicht wenige versuchen, es ihren Männern so leicht wie möglich zu machen, übernehmen Hausarbeiten auch dann, wenn sie selbst ganztägig berufstätig sind. Die Partnerinnen haben Schwierigkeiten, ihren Männern das zuzumuten, was sie für sich selber ablehnen: Von morgens bis abends, tagaus, tagein mit nichts anderem als schreienden Blagen und ewigem Kampf gegen Schmutz und Unordnung beschäftigt zu sein. Und so kommt es, dank des »schlechten Gewissens« ihrer Frauen, daß das Gros der

Hausmänner keineswegs mit Arbeit so belastet ist wie Hausfrauen und Mütter in gleicher Situation. Die der patriarchalen Ordnung innewohnende List und Tücke setzt sich selbst bei egalitären Geschlechterarrangements noch ein Stück weit durch.

Die schon zitierte Berliner Untersuchung über teilzeitarbeitende Männer und Hausmänner kommt zu dem Schluß, daß alle Partnerinnen der Hausmänner zusätzlich zu ihrer beruflichen Arbeit noch mehr als ein Drittel der Hausarbeit erledigen. Wieder einmal stellt der Umgang mit Textilien die »Schallmauer« dar, die zu durchbrechen den wenigsten Männern gelingt: Das »Wäschemonopol« der Frauen bleibt auch in den meisten Hausmanns-Partnerschaften unangetastet. Selbst in der für sie selber wichtigsten Domäne, der Kinderbetreuung, machen die Hausmänner nur die halbe Arbeit. Die Partnerinnen machen die Erfahrung, daß es selbst Hausvätern schwerfällt, über das tägliche Einerlei hinauszudenken und zum Beispiel sportliche oder musische Interessen der Kinder zu unterstützen. Entsprechende Organisationsarbeiten, wie die Kinder im Sportverein anzumelden oder für Musikunterricht zu sorgen, bleiben an den Müttern hängen.

Am Anfang geht der frischgebackene Hausmann mit viel Elan ans Werk. Und läßt alsbald unheimlich stark nach. 15 Monate nach der ersten Befragung berichten die Hausmänner der Berliner Untersuchung von erlahmenden Kräften. Sie putzen weniger, räumen weniger oft die Wohnung auf und waschen weniger als am Anfang. Ohne daß diese Abstinenz durch Übernahme anderer Hausarbeiten kompensiert würde. Die Frauen, die darauf gehofft hatten, mit der Zeit würde sich alles einspielen, die Männer würden sie wirklich entlasten, sind enttäuscht.

Auch das Interesse an ihrem zentralen Aufgabenbereich, der Kinderbetreuung, schläft bei vielen Hausmännern ein. Nach 15 Monaten Hausvater-Dasein gaben die befragten Männer an, weniger mit ihren Kindern zu spielen, weniger mit ihnen spazierenzugehen und sie seltener vom Kindergarten und von Freizeitaktivitäten abzuholen als am Anfang.

Es verwundert daher nicht, daß Hausmänner, anders als Hausfrauen, es immer wieder schaffen, sich kleine Inseln selbstbestimmter Tätigkeiten freizuschaufeln. Sei es, daß sie endlich Zeit zum Bücherlesen finden oder selber Bücher schreiben, zum Beispiel über ihre Erfahrungen als Hausmann. Sei es, daß sie zwischen acht Uhr abends und Mitternacht am Computer hocken, um das Familieneinkommen aufzubessern, oder um sich für das Leben nach dem Hausmann-Dasein fit zu machen. Manche schaffen es sogar, »nebenbei« ein Studium zu absolvieren und sich zum Beispiel als selbständiger Architekt zu etablieren. Alles Dinge, von denen Hausfrauen und Mütter noch nicht einmal zu träumen wagen. »Alles ist zu schaffen«, weiß der Hausmann und Psychologie-Student Jens, »wenn man weiß, was das wichtigste ist.« Und wichtig ist für Jens die elfjährige Tochter Meike, aber eben auch sein Studium.

So pochen sogar noch Hausmänner auf ihre Überlegenheit über das tumbe weibliche Geschlecht. Ein richtiger Mann erledigt das bißchen Hausarbeit eben mit links. Oder besser: er läßt erledigen. Von seiner eh von Gewissensbissen geplagten berufstätigen Frau an deren Feierabend.

Die Umkehr der gewohnten Rollen birgt aber noch weiteren Zündstoff für Konflikte. Einige Frauen werden eifersüchtig, wenn sie sehen, daß die Kinder stärker auf den Vater fixiert sind, weil der ihnen den ganzen Tag zur Verfügung steht. Zudem haben sie Angst, von der Umwelt als »Rabenmutter« eingeschätzt zu werden. Aber auch das

Gegenteil kommt vor: Der Hausvater, der den ganzen Tag mit Fläschchenbereiten, Gemüsedünsten, Füttern, Wäschewaschen, Schnulleraufheben, Wickeln, An- und Ausziehen beschäftigt war, nimmt verblüfft und auch ein bißchen gekränkt zur Kenntnis, daß das kranke Kind nicht zu beruhigen ist, bis die Mutter von der Arbeit nach Hause kommt.

Alles in allem empfinden die Hausmänner ihr Dasein als ziemlich unattraktiv. Die soziale Isolation in der Wohnung und die Monotonie der täglichen Routine ist für die meisten auf Dauer schwer erträglich. Vor allem: es fehlt die Anerkennung ihrer Arbeit, die Bestätigung, daß sie eine gesellschaftlich wichtige Tätigkeit verrichten. Vielleicht mit Ausnahme jener Hausmänner de luxe, deren berufstätige Frauen »nebenbei« noch eine Menge Hausarbeit miterledigen, wurden die Erwartungen der meisten, neue Freiräume zu finden, enttäuscht. Das Hausfrauensyndrom, Unzufriedenheit, fehlendes Selbstvertrauen, das Gefühl, zu kurz gekommen zu sein, ist nicht ans Geschlecht gebunden.

Noch etwas haben die Hausmänner mit ihren Kolleginnen gemeinsam: Hausmänner kommen ebensowenig wie Hausfrauen ganz freiwillig zu ihrem Status. »Zwei Väter hat der Hausvater«, weiß ein Betroffener, »die Frauenbewegung und die Arbeitslosigkeit.« Sieht man davon ab, daß »Mütter« der passendere Begriff wäre, stimmt die Einschätzung. Männer, die um der Familie willen beruflich zurückstecken, tun das selten aus eigenem Antrieb. Meist ist massiver Druck der Partnerin der Auslöser. Zum Beispiel weigern sich Frauen schwanger zu werden, wenn der zukünftige Vater nicht bereit ist, auf Teilzeit umzusteigen. Daß ihr Partner ganz aus der Erwerbsarbeit aussteigt, wollen allerdings die wenigsten Frauen. Was sie für sich selbst ablehnen, sollen auch die Partner nicht machen müssen.

Damit einer zum Hausmann wird, müssen einige ungünstige andere Bedingungen hinzukommen. Da wird zum Beispiel er arbeitslos, während sie beruflich fest im Sattel sitzt. Oder er ist noch mit dem Studium beschäftigt, während sie schon Geld verdient. Oder – auch das gibt es – sie verdient wesentlich mehr Geld als er. Und wenn es ihnen dann nicht gelingt, für beide Halbtagsstellen zu finden, bleibt eben er zu Hause, und sie schafft das Geld heran. Das passiert vor allem dann, wenn Tagesmütter, Kinderfrauen oder Großeltern nicht zur Verfügung stehen.

Die meisten Hausmänner wollen über kurz oder lang zurück in den Beruf. Viele planen die Rückkehr in die Erwerbsarbeit, sobald für das jüngste Kind ein Kindergartenplatz gefunden ist. Das trifft auch auf die zu, die in ihrer beruflichen Arbeit vorher unzufrieden waren.

Aber nicht nur Frauen, auch Männer, die in der »dritten Lebensphase« wieder erwerbstätig werden wollen, haben es schwer. Die Situation am Arbeitsmarkt fordert ihren Tribut. Stellenbewerber, in deren »lückenlosem Lebenslauf« Zeiten vermerkt sind, in denen sie ihre Kinder nicht »ernährt«, sondern gefüttert haben, werden von Personalchefs eher mißtrauisch betrachtet. Von den in der Berliner Studie befragten *teilzeitbeschäftigten* Männern war nach 15 Monaten fast die Hälfte wieder in Vollzeitberufen. Zwei Drittel der *Hausmänner* waren aber weiterhin zu Hause. Von den 13 ehemaligen Hausmännern, die wieder erwerbstätig waren, hatten nur sechs im alten Betrieb eine Anstellung gefunden.

Damit erwies sich die Hausmannkonstellation trotz der vielen darin angelegten Konflikte als stabiler als das Teilzeitarrangement. Viele rückkehrwillige Hausmänner strebten übrigens eine Teilzeitbeschäftigung an. Aber offenbar ist es für Männer noch schwieriger, als Hausmann auf eine Teilzeitarbeit zu wechseln, als in einem bestehenden Arbeitsverhältnis die Stundenzahl zu reduzieren. Die weitere Existenz einiger Zehntausend deutscher Hausmänner scheint alles in allem eher der miserablen Lage auf dem Arbeitsmarkt als den rabiaten Feministinnen geschuldet.

Auch sonst scheint die konsequente Umkehr der Rollen den Betroffenen nicht viel Glück zu bescheren: Hausmänner liegen, zusammen mit Fotografen und Fotomodellen, an der Spitze der Scheidungsstatistik.

Die neuen Väter –

ganz die alten

> »Wenn der Vater viermal in der Woche abends abwesend
> ist, bedeutet es die Vorstufe zum Bundesverdienstkreuz,
> fehlt die Mutter an zwei Abenden und ein Kind
> bekommt eine Fünf, wissen alle
> Nachbarn gleich, warum.«
> *Die Präsidentin des Abgeordnetenhauses von Berlin,*
> *Hanna-Renate Laurien, ›Die Zeit‹ 18. 10. 1991*

»Sind Sie ein Familienmensch?« wurde SAT 1-Programm-
direktor Reinhold Beckmann gefragt, nachdem er zusätzlich zu einer von ihm moderierten Sendung eine weitere
Moderation übernommen hatte. Antwort:

»Ja. Familie, ein Kind – finde ich gut! Wenn du nach
Hause kommst und der Kleine streckt die Ärmchen nach
dir aus; da flattern die Schmetterlinge im Bauch.«

Für den Leiter der bayerischen Staatskanzlei, Erwin
Huber, ist die Familie »mein wahres Hobby«.

Vor einigen Jahren stellte das Frauendezernat der Stadt
Frankfurt am Main prominenten Männern der Stadt eine
kleine Feierabendaufgabe. Ausgestattet mit fünfzehn
Mark, dem Sozialhilfesatz für das Mittagessen einer Familie, sollten sie kurz vor Ladenschluß einkaufen gehen.
Zusätzliche Erschwernis: Die städtischen Größen führten
jeweils einen Kinderwagen mit sich und waren gehalten,
öffentliche Verkehrsmittel zu benutzen.

Was dann geschah, erschreckte nicht wenige PassantIn-
nen. Die gestandenen Mannsbilder rannten, die Kinderwagen zerrend und schubsend, durch die abendliche Men-
schenmenge. Da konnte man den weißhaarigen, evangeli-
schen Propst Trautwein bewundern, wie er auf diversen
Rolltreppen mit dem Kinderwagen kämpfte und auf der

»B-Ebene« damit gegen die Wände knallte. Einige Herren blieben mit ihren Wagen in der automatischen U-Bahn-Tür stecken und entgingen nur knapp dem Zorn des Fahrers. Die Kinderwagen seien wohl, mutmaßte ein Beteiligter, der Chef des Frankfurter Verkehrsverbundes, »etwas breit gewesen«, oder aber die U-Bahn-Türen »etwas schmal«.

Früher stellten Väter für ihre Kinder die strafende Erziehungsinstanz dar, und sonst gar nichts. In seinem Bericht für die achtziger Jahre »Das menschliche Dilemma« stellte der Club of Rome fest, daß weltweit der durchschnittliche Vater durchschnittlich 12 Minuten täglich für Kinderpflege und -erziehung aufwendete. Im Deutschland der neunziger Jahre hat sich einiges geändert. Männer haben entdeckt, daß das Zusammensein mit Kindern schön sein kann. Männer, die Kinderwagen durch die Straßen schieben, vor 25 Jahren noch Grund für einen kleinen Volksauflauf, fallen heutzutage im Straßenbild nicht mehr auf.

Väter verbringen mehr Zeit mit ihren Kindern. Nicht unbedingt mit den Säuglingen und Kleinkindern – die meisten finden ihre Sprößlinge in diesem zarten Alter doch eher langweilig. Aber mit den älteren Kindern Fußballspielen, Fahrradfahren oder Drachen steigen lassen – das ist auch für Männer eine schöne Wochenendbeschäftigung.

Doch »neue Väter«, die sich die Betreuungsarbeit mit ihren Partnerinnen teilen, oder die sogar allein für die Kinder zuständig sind, gibt es nur in verschwindend kleiner Anzahl. Als gesellschaftlicher Trend existieren sie bestenfalls in den Phantasien einiger FamilienpolitikerInnen.

Dabei fängt alles so schön an, wenn die Väter die Geburt begleiten. Früher kannte man die Witzfigur des werdenden Vaters auf der Bank vorm Kreißsaal, der von der Oberschwester mit Cognac gestärkt werden mußte. Der moderne Vater findet es schick, bei der Geburt dabeizusein und mitzuatmen. Ist das Kind erst da, geht ihm schnell die Puste aus, wie die Sozialwissenschaftlerinnen Cheryl Benard und Edit Schlaffer kritisch anmerken. Die Geburt ist ja noch ein interessanter Vorgang und zeitlich überschaubar. Bei der Vorstellung aber, anschließend zehn, zwölf Jahre oder länger für das Kind dazusein, und zwar täglich, oft auch nächtlich, nicht nur ab und an mit ihm zu spielen, sondern es zu versorgen, zu pflegen und an seine Zukunft zu denken, bei dieser Vorstellung wendet sich der Mann mit Grausen.

In einer Untersuchung über die »Familiengründungsphase« sagten fast alle befragten Väter, sie hätten in der ersten Zeit nach der Geburt die Hausarbeit gemacht. Viele nahmen Urlaub, um zu putzen, einzukaufen, um zu kochen und Babywäsche zu waschen. Aber zwei Wochen später, sobald die Mutter wieder einsatzfähig war, hatten sich die meisten Männer vom Haushalt verabschiedet. Einer der befragten Väter rechtfertigte seine Nichtbeteiligung an der Familienarbeit mit den Worten: »Ich denk', zehn Stunden Büro sind genug, das kann sie alles machen, wenn ich im Büro bin.«

Die meisten befragten Männer achteten darauf, daß ihre sportlichen und sonstigen Freizeitaktivitäten nach der Geburt des Kindes in gewohntem Umfang aufrechterhalten blieben. Dabei kamen sie sich noch tolerant vor, wenn sie großzügig darüber hinwegsahen, daß es zu Hause nicht mehr ganz so ordentlich und aufgeräumt zuging wie vor der Ankunft des Familienzuwachses. Die Männer verabschieden sich gerade dann aus der Familie, wenn es dort am meisten zu tun gibt.

Ein Windelhosenbaby in einem aufgeklappten Aktenkoffer zierte einige Wochen die Plakatwände in Nordrhein-Westfalen. Es sollte im Auftrag der Düsseldorfer Gleichstellungsministerin Ridder-Melchers dafür werben, »daß Männer sich auf ihre Familienpflichten besinnen und Betriebe ihren Beschäftigten bei der Vereinbarung von Familie und Beruf helfen«. Das schöne Design und das Geld für diese und ähnliche Werbeaktionen scheint vertan. Denn Deutschlands Männer sind irgendwie nicht so recht zu überzeugen, daß »Kinder dankbarer sind als jeder Chef«, wie eine weitere, von der Firma Hertie gesponsorte Plakataktion behauptet. Sie gehen hartnäckig ihren Berufskarrieren nach. Und wenn sie Väter sind, dann erst recht.

Mit der Geburt des ersten Kindes ergeben sich im Leben der Eltern große Veränderungen. Die Familie muß sich in ihrem Lebensrhythmus auf das Kind einstellen, für Außenbeziehungen zu Freunden und Bekannten bleibt weniger Zeit. Aber guckt man genauer hin, so verändert sich vor allem das Leben der Frau. Sie gibt ihren Beruf auf oder steigt auf Teilzeit um, sie ist jede Minute des Tages und oft auch nachts mit dem Kind beschäftigt. Ihre Freizeit tendiert gegen Null. Für den Mann dagegen ist die Geburt des Kindes fast immer Anlaß, sich nun noch ernsthafter in den Beruf zu stürzen. Das bißchen Hausarbeit, das er vorher verrichtet hat, wird nun auch der Frau überlassen. Denn man ist ja jetzt »Ernährer«, trägt Verantwortung für die Familie. Das geht am besten, meinen die meisten Männer, wenn man sich in derselben möglichst wenig blicken läßt.

Gerade partnerschaftlich eingestellte Männer fühlen sich offensichtlich in ihrer Bequemlichkeit bedroht, sobald das erste Kind da ist. Wenn man bislang partnerschaftlich-unverbindlich dieses und jenes im Haushalt erledigte, so könnten diese Aufgaben ja jetzt in Verbindlichkeit ausarten. Schließlich braucht ein Baby viel Aufmerksamkeit.

Und es bringt Routine in die Hausarbeit, weil seine Existenz einen festen Stundenplan mit Schlaf- und Fütterzeiten vorschreibt.

Der Zeitaufwand für die Erziehung hat sich in den letzten hundert Jahren vervielfacht. Heute sind Eltern nicht nur für die unmittelbaren Lebensbedürfnisse der Kinder, wie Essen, Schlafen und Kleidung, zuständig. Es geht darum, Kinder zu möglichst glücklichen und gutintegrierten Mitgliedern einer immer komplexer werdenden Gesellschaft zu erziehen. Diese Leistung muß in einer kinderfeindlichen und damit auch elternfeindlichen Umwelt erbracht werden. Man denke nur daran, daß noch in der ersten Hälfte dieses Jahrhunderts Kinder, die draußen spielten, nicht ständig beaufsichtigt werden mußten. Das Kind wird – in der Sprache der »neuen Haushaltsökonomik« – zum »zeitintensiven Haushaltsendprodukt«.

Die Arbeit an diesem »Haushaltsendprodukt« obliegt nach Erkenntnissen des Deutschen Jugendinstituts in 61 Prozent der Familien der Frau. In zwei Prozent der Familien ist sie Aufgabe des Mannes. Bei 37 Prozent kümmern sich nach Aussagen der Eltern beide um das Kind oder die Kinder. Was faktisch heißt: der Mann lehnt nicht von vornherein und grundsätzlich jede Betreuungsarbeit ab. Männer mit berufstätiger Partnerin verbringen nach einer Studie aus dem Jahr 1988 an Wochentagen durchschnittlich 2,8 Stunden mit ihren Kindern; Väter mit nichtberufstätiger Partnerin immerhin noch etwas über zwei Stunden.

Zum Vergleich: Berufstätige Mütter brauchen wochentags fast sieben Stunden für die Kinderbetreuung, bei nichtberufstätigen Müttern sind es 10,5 Stunden (wobei Zeit mitgezählt wurde, in der das Kind zwar beaufsichtigt wird, aber gleichzeitig andere Hausarbeiten wie Bügeln oder Kochen erledigt werden).

Wenn die »neuen Väter« mit ihren Kindern spielen, tun

sie das mit Freude und Ausdauer. Kein Wunder, für sie ist es Freizeitgestaltung, während die Mütter nach sieben oder acht Stunden Sorgearbeit viel zu ausgelaugt und müde sind.

Die amerikanische Familienforschung unterscheidet drei Arten von elterlichem Engagement:

Direkte Interaktion, das heißt unmittelbare Versorgungsleistungen oder Spiel mit dem Kind;

Verfügbarkeit, das heißt der Erwachsene ist körperlich anwesend, ohne sich direkt mit dem Kind zu befassen;

Verantwortung, das heißt die Zuständigkeit für Planungen, Termine und Interessen des Kindes, vom Zahnarztbesuch über den Kindergeburtstag bis zum Reitunterricht.

Väter erbringen in allen drei Bereichen einen ungleich geringeren Beitrag als Mütter, sowohl unter zeitlichen wie unter inhaltlichen Gesichtspunkten. Um alles, was nach Routine, Dauerbelastung und täglicher Wiederkehr riecht, machen sie einen großen Bogen. Aber nur durch die alltägliche Versorgung des Kindes gelingt es, eine Beziehung zu ihm aufzubauen.

Am schwersten tun sich die Väter mit dem Bereich »Verantwortung«. Sie »sehen« einfach nicht, daß dem Kind die Fingernägel geschnitten werden müßten. Sie »wissen« nicht, wann die Windel gewechselt werden muß. Sie fühlen sich nicht verantwortlich dafür, mit dem Kind zum Impftermin, zur Vorsorgeuntersuchung oder zum Kieferorthopäden zu gehen. Sie überlegen nicht, ob das Kind warm genug angezogen ist, bevor sie mit ihm rausgehen, ob es etwas getrunken hat. Sie »können« sich nicht vorstellen, daß das Schulkind vielleicht nicht von selbst daran denkt, die Chlorbrille für den Schwimmunterricht in die Schultasche zu packen. Kurzum: Sie denken nicht mit. Eine Einstellung, die sie sich im Beruf nicht erlauben könnten.

Die bescheidenen gesetzlichen Hilfestellungen zur besseren Vereinbarkeit von Familie und Beruf werden von Männern so gut wie nicht in Anspruch genommen. Zum Beispiel die Freistellung für die Pflege erkrankter Kinder unter zwölf – seit dem 1. Januar 1992 zehn Tage im Jahr für Mutter und Vater, insgesamt also 20 Tage – werden von Männern selten genutzt. Ist der Anspruch der berufstätigen Mutter ausgeschöpft und wird trotzdem ein Kind krank, nehmen die Frauen Urlaub oder fehlen unentschuldigt und gefährden so ihren Arbeitsplatz.

Klaus und Angelika hatten beide ihr Studium abgeschlossen und die ersten beruflichen Hürden genommen, als Tochter Karen geboren wurde. Daß Angelika den Erziehungsurlaub nehmen würde, stand von vornherein fest. Beim zweiten Kind, dachte sie, wird alles besser, dann hört Klaus für eine Weile auf zu arbeiten. Aber es kam anders. Die Tatsache, daß er jetzt »Familienvater« war, verursachte bei Klaus einen Adrenalinschub. Er stürzte sich in die Arbeit. Natürlich nicht in die Hausarbeit, sondern in die Berufsarbeit. Er machte einen Karrieresprung und war nur noch selten zu Hause. Als zwei Jahre später Klein-Sascha geboren wurde, war an ein Aussteigen aus dem Beruf nicht mehr zu denken. Zumindest dachte Klaus nicht mehr daran. Nach dem Ende des Erziehungsurlaubs für das zweite Kind nahm Angelika ihre Berufstätigkeit wieder auf, als wissenschaftliche Angestellte auf einer Teilzeitstelle. Die Arbeit, die sie jetzt machte, war weitaus weniger interessant als die Stelle, die sie vor Karens Geburt hatte.

Der seit 1992 auf drei Jahre verlängerte Erziehungsurlaub steht Müttern und Vätern zu. Von letzteren wird er zu exakt 1,01 Prozent genutzt. Etwas höher, nämlich 1,5 Prozent, ist der Anteil der Männer unter den BezieherInnen von Erziehungsgeld, denn dieses steht auch Vätern zu, die sich als Studenten, Selbständige oder Arbeitslose nicht aus einem Beschäftigungsverhältnis beurlauben lassen müssen, wenn sie ihr Kind betreuen.

Die Vorbehalte der Männer, in den Erziehungsurlaub zu gehen, kennen wir. Von 600 Mark im Monat, so das Hauptargument, lasse sich keine Familie ernähren. Verschwiegen wird dabei, daß die Frau vor der Geburt des Kindes fast immer einen Beruf ausübt, manchmal sogar einen qualifizierten und gutbezahlten, in den sie nach Ablauf der Mutterschutzfrist zurückkehren könnte. Verschwiegen wird auch, daß der Bezug von Erziehungsgeld bis zu 19 Wochenstunden berufliche Arbeit zuläßt, ein totaler Ausstieg also gar nicht gefordert ist. Notfalls kann zusätzlich zum Erziehungsgeld Sozialhilfe bezogen werden.

Ausschlaggebend ist etwas anderes. Männer wollen auf gar keinen Fall ihre Karrieremuster beeinträchtigen. Auch wenn das Gesetz nach dem Ende des Erziehungsurlaubs die Weiterbeschäftigung garantiert. Der Rollentausch mit der Frau, selbst für ein, zwei Jahre, ist tabu. So etwas bedroht anscheinend die Potenz, zumindest stellt es die Identität des Mannes als »Ernährer« der Familie infrage. Wahrscheinlich könnte man den Männern 10 000 Mark Erziehungsgeld im Monat bieten, und sie würden immer noch das Büro vorziehen. Sie haben Angst davor, daß die Kollegen in den ein, zwei oder drei Jahren Erziehungsurlaub an ihnen vorbeiziehen, das berufliche Aufstiegsmuster eine nicht mehr auszubügelnde Delle erhält. Und sie wissen natürlich, daß Personalchefs die lebenslange, tägliche Verfügbarkeit der männlichen Kernbelegschaft einer Firma schätzen. Und deshalb für qualifizierte Tätigkeiten mit Aufstiegschancen lieber junge Männer als junge Frauen einstellen.

Es ist zwar nicht der einzelne Mann, der diese Muster erfunden hat. Sie sind objektiv vorgegeben. Aber die Männer fühlen sich in ihnen subjektiv sauwohl. Die Muster könnten nur aufgebrochen werden durch Regelungen, die es Vätern zur Pflicht machen, eine Weile auf die Berufsarbeit zu verzichten und bei ihren Kindern zu bleiben. Etwa durch »Vaterschutzregelungen« analog zum gesetzlichen Mutterschutz, das heißt durch Beschäftigungsverbote für Väter nach der Geburt.

Was die »neuen Väter« wert sind, zeigt sich, wenn die Beziehung zur Mutter in die Brüche geht. Nicht wenige Männer verabschieden sich dann nicht nur von der Frau, sondern auch von den Kindern, die sie mit dieser Frau hatten. Vor allem dann, wenn sie mit einer neuen Gefährtin neuen Vaterfreuden entgegensehen.

Kaum Verantwortung für ihre Kinder zeigen uneheliche Väter, die nicht mit der Mutter zusammenleben. Von den jährlich rund 70 000 außerhalb der Ehe geborenen Kindern kennt die Hälfte ihren Vater nicht, klagt der Verband alleinstehender Mütter und Väter. Für Unterhaltsvorschüsse zahlt der Staat jährlich zweistellige Millionenbeträge, Tendenz steigend. Kurz vor der Wende flohen Tausende von Männern nach Westen, um sich vor in der DDR fälligen Unterhaltszahlungen zu drücken. Im Dezember 1990 wurden über 17 000 Familienväter in den neuen Bundesländern schmerzlich vermißt.

Obwohl sie sich den Vaterpflichten gern entziehen, fordern Männer unverdrossen und lautstark Väterrechte. So klagen uneheliche Väter Umgangs- und Sorgerecht auch gegen den Willen der Mütter ein. Geschiedene Väter wollen auch dann ein gemeinsames Sorgerecht, wenn sie von der tatsächlichen Versorgung der Kinder völlig freigestellt sind. Nach einer Trennung oder Scheidung leben jüngere Kinder in über 97 Prozent der Fälle bei den Müttern.

Keine Form des Zusammenlebens nimmt so schnell zu wie die »unvollständige Familie«. 1992 gab es 2,4 Millionen offiziell Alleinerziehende in Deutschland. Im Osten sind sie noch etwas häufiger als im Westen. Aber auch in Nordrhein-Westfalen stammt inzwischen jedes dritte Schulkind aus einer Ein-Eltern-Familie.

Erst bei schulpflichtigen Kindern steigt der Anteil sorgeberechtigter Väter an. Kein Wunder, denn diese Kinder sind aus dem Gröbsten heraus, können sich zum Teil schon selbst versorgen. Dennoch leben alleinerziehende Väter meist nicht mit ihren Kindern allein. Zwei Drittel teilen ihren Haushalt mit anderen Erwachsenen, mit der neuen Partnerin oder mit den Großeltern des Nachwuchses, oder man lebt in einer Wohngemeinschaft.

Die Mehrheit der 217 000 alleinerziehenden Väter (das sind 13,9 Prozent aller Alleinerziehenden) ist über 40 Jahre alt und bezieht ein mittleres bis gutes Einkommen. Aber nicht nur das unterscheidet sie von den alleinerziehenden Müttern, deren Mehrheit in sehr bescheidenen Verhältnissen lebt. Ein Großteil der alleinerziehenden Väter wird bei der Kinderbetreuung von dritten Personen unterstützt, vorwiegend von der Mutter oder der Freundin des Mannes. Um noch einmal die spitzzüngigen Wiener Damen Schlaffer und Benard zu zitieren: »Der alleinerziehende Vater übt das Sorgerecht aus, indem er das Kind seinen Eltern übergibt.«

Was Männer gern machen

»In der heimischen Küche würden sie kaum einen Finger rühren. Draußen am Holzkohle-Grill drehen sie die Grillspieße, überwachen die Glut, kontrollieren die Bräune des Grillbratens und organisieren das Verteilen des Grillguts.«
Die »Fachgruppe Holzkohle-Grillen« im Fachverband Metallwaren und verwandte Industrien zu Beginn der »Grillsaison '93«

Die Arbeitsmoral der Männer steigt sofort, wenn ein Publikum bereitsteht, den männlichen Arbeitsergebnissen zu applaudieren. Unter der öffentlichen Geringschätzung der Hausarbeit leidet der Hausmann stärker als die Hausfrau. Weshalb es ihn ja auch in die Medien drängt, um dort seine Erlebnisse mit Pampers und Staubtuch auszubreiten.

Ein Mann will bewundert werden. Wenn seine pure Existenz dafür nicht ausreicht, was meist der Fall ist, dann muß er diese Bewunderung eben inszenieren. Kreative Tätigkeiten wie das Grillen von Würstchen sind ein erster Schritt. Zumal es sich dabei nicht um primitive Routine-Kochhandlungen zur Versorgung der Familie handelt, sondern um außergewöhnliche Taten an schönen Sommerabenden, an denen nicht nur die Familie und geladene Bekannte, sondern die gesamte Nachbarschaft Anteil nimmt, letztere meist unfreiwillig.

Der Mann, der zu Hause nie die Küche betritt, außer um sich ein Bier aus dem Kühlschrank zu holen, entpuppt sich im Garten oder am Grillplatz im Park als hochbegabter Nahrungsbereiter. Das Hantieren mit Feuer und Rauch in der freien Natur, der Umgang mit Brocken rohen Fleisches, die Bändigung der Elemente Luft und Feuer – da kommen Erinnerungen an die graue Vorzeit der Menschheit hoch.

Das Grillen ist die primitivste Stufe männlicher Koch-kunst. Die elegante, neuzeitliche Variante ist schon selte-ner: Der Mann als raffinierter Koch in der heimischen Küche. Wir wissen ja, daß die wirklich großen Köche männlichen Geschlechts sind. Also ist sich auch der moderne, aufgeklärte Ernährer der Familie nicht zu schade, hin und wieder leckere Braten zu schmoren, exotische Gemüse zu dämpfen und komplizierte Saucen anzurühren. Jeder Mann ein kleiner Witzigmann. Natürlich nicht um eines so schnöden Zweckes willen, täglich die Familie zu verköstigen. Sondern zum Beispiel, um samstagabends die Gäste zu beeindrucken. Die Spülmaschine ein- und ausräu-men, die Küche putzen, die Töpfe schrubben und die Vor-räte ergänzen, das darf dann die Frau erledigen.

Mit Routinetätigkeiten, mit Beziehungsarbeit, mit Arbeit an lebenden Menschen kann man nicht glänzen. Damit haben Männer folgerichtig nichts im Sinn. Den Campingbus packen, das ist sichtbare Arbeit mit einem konkreten Ergebnis. Nach dem Ende des Urlaubs die Rei-segarderobe wieder in Ordnung bringen, Waschen, Bügeln, in die Reinigung bringen, abholen, Nähen, Kof-ferauspacken – das ist zeitraubend, aber eher unsichtbar, also Frauenarbeit.

Frauen tragen die Verantwortung und die Hauptlast für die täglich wiederkehrende Arbeit. Männer beschränken sich auf das Punktuelle, Sichtbare, Besondere – und lassen sich dafür feiern.

Der Mann läßt sich dann herab, Frauenarbeit zu machen, wenn damit der Einsatz großer, möglichst lauter Maschinen verbunden ist. Es ist nicht unter der Würde eines Busfahrers, den Reisenden einen heißen Kaffee zu machen, weil er zu diesem Zweck den 300 PS Dieselmotor anwerfen darf. Wenn es schon keine besonders tolle Arbeit ist, dann muß es wenigstens ordentlich Krach machen.

Ganz in seinem Element ist der Mann, wenn er bei der Arbeit Werkzeug benutzen darf. Eine Vorhangschiene montieren, einen Wasserhahn reparieren, eine elektrische Leitung verlegen – das macht was her, das sind sichtbare Arbeitsergebnisse über den Tag hinaus. Meist bleibt ein hübsches Häufchen Dreck zurück. Die Bewunderung, mindestens die Dankbarkeit von Frau und Kind, sind dem Mann mit der Bohrmaschine gewiß.

Wenn Frauen mehr Beteiligung an der Hausarbeit einklagen, verweisen Männer sofort auf ihre Belastungen durch Reparieren, Renovieren und Dachausbau. Tatsächlich sind Männer im statistischen Durchschnitt täglich 33 Minuten mit Wohnungsrenovierung, Autoreparatur und Häuslebauen beschäftigt. Ein nicht näher bestimmbarer Teil davon ist Schwarzarbeit, was bei den täglichen 8 Minuten, die Frauen für derartige Tätigkeiten aufbringen, eher nicht der Fall sein dürfte.

Stärkstes Motiv der Hobby-Handwerker in Heim und Garten ist das Geldsparen, dicht gefolgt jedoch von Motiven wie »Spaß«, »Befriedigung in der Arbeit« und »Stolz auf die Leistung«. Vor allem Männer, die in ihrem Beruf unzufrieden sind, stürzen sich mit Inbrunst auf die Heimwerkerei. Wenn sie schon nicht die Welt umkrempeln dürfen, weil ihnen da andere Männer zuvorgekommen sind, dann wollen sie wenigstens das traute Heim umkrempeln. Und sei es nur durch Installation einer Kassettendecke aus Eichenimitat im Wohnzimmer.

»Freizeit« –

wie Männer ihren Frauen die Zeit stehlen

> »Wenn John zum Fußballspiel will, dann geht er zum Fußballspiel. Wenn er am Wochenende zum Angeln will, dann sagt er: ›Ich geh' angeln, ist das in Ordnung?‹ Klar ist das in Ordnung, er geht. Wenn ich mal ein Wochenende weg sein will, müßte ich das vorbereiten wie ein Manöver: Der Kühlschrank müßte aufgestockt werden, die Bügelwäsche im voraus erledigt werden. Das würde alles einfach zuviel Arbeit machen.«
>
> *Aus einer englischen Studie über »Freizeit und Geschlecht«*

Zeit, in der sie nicht ihrer Erwerbsarbeit nachgehen, ist für Männer grundsätzlich Freizeit. Ob sie diese Zeit vor dem Fernseher zubringen, in der Kneipe, auf dem Fußballplatz, ob sie im Haushalt »mithelfen« oder unter dem Auto liegen, ist ganz allein ihre Sache.

Soweit sie es nicht vorziehen, ihre Freizeit außer Haus zu verbringen, ist auch die Wohnung für Männer ein Ort der Freizeit. Da sie diese gemütliche Erholungsstätte nur passiv nutzen, aber nicht aktiv gestalten, ist ihnen meist nicht bewußt, daß für die Frauen die Wohnung zugleich Arbeitsstätte ist.

»So gut wie du möchte ich es auch mal haben, den ganzen Tag zu Hause!«

»Gestern drei Zimmer geputzt und im Garten gearbeitet? Na gut, aber du kannst es dir doch einteilen, hast keinen Streß, keine Hektik. Bei dem schönen Wetter vorige Woche warst du ständig mit dem Kleinen im Schwimmbad.«

Männer spielen zwar nicht gern den Hausmann, verweisen aber häufig auf das angenehme Leben der Hausfrau, wie selbstbestimmt sie arbeiten könne, wie souverän sie ihre Zeitpläne bestimme und ihre Prioritäten setze.

So scheint es. Und die Soziologen und Freizeitforscher buchen den Nachmittag im Schwimmbad als drei Stunden Freizeit der Frau, die dazu noch mit sportlicher Aktivität ausgefüllt ist. In Wirklichkeit verbrachte die Frau gut die Hälfte dieser »Freizeit« in gebückter Haltung im Kinderbecken, bei dem Versuch, ihrem Jüngsten das Schwimmen beizubringen. Und in der übrigen Zeit konnte sie auch nicht die mitgebrachte Illustrierte lesen, weil der Kleine ständig auf Wanderschaft war.

Für Mütter kleiner Kinder gibt es nur dann Freizeit, wenn eine andere Person die Kleinen betreut. In der Gesellschaft von Kleinkindern gibt es keine Freizeit, weil es keine Möglichkeit gibt, sich auf sich selbst zu konzentrieren. Auch Hausarbeit in Anwesenheit kleiner Kinder zu erledigen bedeutet Streß: Ständige Unterbrechungen, stetige Abrufbarkeit, kaum ein Handlungsbogen kann zu Ende geführt werden. Das beginnt schon vor der Geburt des Kindes. Schwangerschaftsgymnastik und Säuglingspflegekurse kann man ja wohl kaum unter Freizeitbeschäftigungen vermerken. Wenn die Kinder älter sind, heißt es, Taxichauffeurin spielen. Den Sohn zum Sonderturnen fahren, die Tochter zum Mandolinenunterricht. Und beide rechtzeitig wieder abholen, so daß noch Zeit bleibt, um fürs Abendessen einzukaufen.

Bestenfalls kommt im Laufe des Tages ein Fleckerlteppich an nichtverwertbaren »Restzeiten« zustande. Zum Beispiel, wenn Mann und größere Kinder aus dem Haus sind, kleine Kinder gerade ein Schläfchen machen und keine zeitabhängigen Arbeiten wie Einkaufen oder Kochen anstehen. Solche nicht zusammenhängende Stücke von Restzeiten können für sinnvolle, selbstbezogene Tätigkeiten schlecht verwendet werden. Es reicht vielleicht gerade für eine Kaffeepause, für eine Runde Stricken auf dem Sofa oder für ein paar Seiten im Krimi.

Frauen leben in Abhängigkeit von den Zeitplänen ihrer Männer und ihrer Kinder. Ausschlaggebend für die Haushaltsorganisation ist in erster Linie die Erwerbsarbeitszeit des Mannes, sodann die Stundenpläne der Schulkinder und die Freizeitaktivitäten von Mann und Kindern. Der Mann, der von der Frühschicht nach Hause kommt, erwartet, daß das Essen auf dem Tisch steht. Und wenn die Tochter eine Stunde später aus der Schule kommt, wird eben noch einmal aufgetragen.

Ausschlaggebend sind die Verhaltensmuster der Männer. Wichtig ist *sein* Arbeits- und Freizeitrhythmus, *sein* Bedarf an Mahlzeiten. Frauen müssen zusehen, wie sie mit ihren Zeitplänen da hineinpassen, was oft darauf hinausläuft, daß sie auf selbstbestimmte Zeit ganz verzichten müssen. Wenn Mütter abends zu einem Termin wegwollen, der Mann aber ebenfalls eine Verabredung hat, dann bleibt halt sie zu Hause bei den Kindern.

Zeit für sich, Zeit außer Haus ohne Kinder, bedeutet für Frauen: erst mal organisieren und verhandeln. Verhandelt werden muß mit dem Vater, ob er vielleicht gnädigerweise bereit ist, an dem Abend, an dem sie zu einer Gewerkschaftsversammlung will, die Kinder zu hüten. Oft will er nicht. Denn Frauen, die abends ohne ihre Männer aus dem Haus streben, stoßen bei diesen auf wenig Gegenliebe. Was Männer, auch Väter kleiner Kinder, für sich ganz selbstverständlich in Anspruch nehmen, nämlich abends wegzugehen, ist für Frauen noch lange nicht selbstverständlich. Männer schließen anscheinend von der eigenen Neigung zur sexuellen Freizügigkeit auf die der Frauen und wissen die Partnerin am liebsten zu Hause in der Obhut der Kinder.

Frauen müssen Freizeit aushandeln, Männern steht sie automatisch zu. Das gilt selbst dann, wenn Mann und Frau gemeinsam ausgehen wollen.

»Warum soll ich nicht weiterhin ein-, zweimal die Woche abends zum Sport gehen?« fragt der frischgebackene Vater, »sie kann ja gerne mitkommen.« Dieses großzügige Angebot ist eine Mogelpackung. Denn bevor sie ihn abends begleiten kann, muß sie erst einmal einen Babysitter organisieren. Auch bei der von Mann und Frau gemeinsam verbrachten Freizeit ist die Organisation der Kinderbetreuung Frauensache.

»Freizeit« spielt sich für Frauen meist im Haus ab. Dabei sind die Übergänge zur Hausarbeit fließend: Stricken, Nähen, Gartenarbeit. Auch Geselligkeit, die Besuche von Verwandten und Bekannten, die im Haus bewirtet werden, fällt unter »Freizeit«, ist aber für die Frauen unter den Gastgebern Arbeit. Das muß man wissen, um die Zahlen zu verstehen, die das »B.A.T. Freizeitforschungsinstitut« für die alten Bundesländer vorlegte: Demnach verfügen die Deutschen im Schnitt an Werktagen über vier Stunden Freizeit, berufstätige Frauen immerhin noch über knapp drei Stunden. Die zusätzlichen Hausarbeitsstunden an Wochenenden, die vor allem bei den Frauen anfallen, sind in diesen Durchschnittszahlen nicht enthalten. Fast die Hälfte der in einer in der englischen Stadt Sheffield angefertigten Studie befragten Frauen aller gesellschaftlichen Schichten gab allerdings an, daß sie an Werktagen so gut wie keine freie Zeit hätten.

Freizeit heißt für Frauen oft nur passives Abschlaffen, sei es auf dem Sofa, in der Badewanne oder vor dem Fernsehgerät. Männer sehen zwar ebensoviel fern, aber insgesamt ist ihre Palette an Freizeitaktivitäten wesentlich bunter als die der erwachsenen Frauen. Sie verbringen mehr Zeit außer Haus, im Stadion, auf dem Sportplatz, in der Kneipe. Sie haben mehr Geld und mehr Gelegenheit für aktive Freizeitbeschäftigungen wie Sport und Hobbys.

In einer Studie über Verkäuferinnen im Ruhrgebiet gaben die Frauen an, im Lauf der Zeit ihre Hobbys und Freizeitaktivitäten immer mehr eingeschränkt zu haben. Sie verzichteten wegen beruflicher und familialer Überlastung auf den Karateabend, den Kegelclub, den Yogakurs, die Seidenmalerei oder die ehrenamtliche Mitarbeit in der Kirchengemeinde. Nur zehn Prozent der befragten Frauen nahmen regelmäßig außerhäusliche Termine für ehrenamtliche Tätigkeiten oder Weiterbildung wahr, aber 58 Prozent der zugehörigen Männer hatten regelmäßige außerhäusliche Freizeittermine! Männer halten ihre Ausgleichsaktivitäten zur Berufsarbeit auch dann aufrecht, wenn sie verheiratet sind, Kinder haben oder durch Überstunden oder Schichtarbeit stark belastet sind.

Männer treiben etwa doppelt so häufig Sport wie Frauen. Entsprechend überrepräsentiert sind sie in den im Deutschen Sportbund zusammengeschlossenen Vereinen. Frauen schmieren Brote für den Angelausflug und waschen den Männern die Fußballtrikots. Aber natürlich bedienen sich die »freizeitaktiven« Männer ihrer nicht nur als Zuarbeiterinnen. Die Frauen dürfen sich auch am Treiben der Männer beteiligen. Zum Beispiel als Organisatorin des Familien-Picknicks, wie es Gourmet-Papst Wolfram Siebeck beschreibt: »Ich halte auch eine Hängematte für nützlich, sowie jemanden, der sie schaukelt, während ich drin liege. Den Wein, darauf lege ich Wert, besorge ich. Aber um das dreckige Geschirr will ich mich nicht kümmern müssen. Kleinkinder und Kofferradios sind unauffällig zu entsorgen …« Oder sie dienen dem segelnden Ehemann als Deckhand, Smutje und Vorschoterin, wie Karen Eriksen vom Hamburger Seglerverband beobachtet hat:

»Der durchschnittliche ›mittelalterliche‹ Fahrtensegler, mit einem zehn Meter langen Schiff unter dem Gesäß, läßt seine Frau die Manöver abarbeiten. Sie bedient Fallen, Schoten, Festmacher, tucht Segel und hängt Fender auf, überspringt atemberaubende Entfernungen zum Steg – und wird dabei andauernd korrigiert. Er ist der Kapitän. Nichts ist ihm recht, und den Palstek kann sie immer noch nicht schnell genug. Sie hat die Schuld – immer; und trägt es mit Fassung.«

Männer beschäftigen sich in ihrer Freizeit entweder mit Dingen, die Spaß machen, oder mit Dingen, durch die sie beruflich oder gesellschaftlich vorankommen. Angebote zur beruflichen Weiterbildung werden von ihnen weitaus stärker in Anspruch genommen als von Frauen. Berufstätige Frauen haben durch ihre häusliche Belastung meist keine Zeit und Energie für Weiterbildungsmaßnahmen übrig, von denen Männer sich auch durch Überstunden oder Schichtdienst nicht abhalten lassen.

In Verbänden, Vereinen, Parteien und Gewerkschaften geben Männer den Ton an. Vor allem Besserverdienende sind eifrige Vereinsmeier. Das typische Vereinsmitglied, fand das Marplan-Institut heraus, ist männlich, zwischen 35 und 44 Jahre alt, lebt in Bayern, bezieht ein Haushaltsnettoeinkommen von 5000 Mark oder mehr und gehört einem Sport-, Gesangs- oder Schützenverein an. Dabei ist die Vereinsmitgliedschaft für Männer nicht nur wichtiger als für Frauen, sie widmen dem Clubleben auch mehr Zeit: Jeder Dritte kommt zwei- oder dreimal in der Woche zu Treffen oder Training, die Frauen begnügen sich im Schnitt mit einem Vereinsbesuch pro Woche.

Vereinsmeier gibt es nicht nur in Bayern. Sie gedeihen auch im Rheinland. Der 40jährige Chirurg Dr. Peter Schäferhoff verbringt nach einem 12-Stunden-Tag in seiner Privatklinik die Abende im Kölner Eisstadion, um als ehrenamtlicher Mannschaftsarzt des Eishockey-Clubs »Die Haie« Schlüsselbeinprellungen, ausgerenkte Schultern und geplatzte Lippen der Spieler an Ort und Stelle zu versorgen. Schäferhoff, Vater zweier Kinder, gilt als »Mann mit viel Familiensinn, aber wenig Zeit«.

Für ein Ehrenamt in Politik oder Gesellschaft sind Männer bereit, sehr viel Zeit zu investieren. Die unbezahlten Pöstchen im Sportverband, in der Gewerkschaft oder in der Karnevalsgesellschaft machen sich schon irgendwann bezahlt. Sie verschaffen Ansehen und Einfluß, sie dienen dazu, Geschäftsbeziehungen auszubauen und die berühmten Männerseilschaften zu knüpfen. Zumindest kommt man in die Lokalpresse. Und manchmal ergibt sich daraus eine neue Karriere in der Politik, ein Bundestagsmandat oder ein hauptamtlicher Verbandsposten. Die Frau versorgt unterdessen zu Hause die Kinder.

Das heißt aber nicht, daß Frauen nicht auch ehrenamtliche Arbeit machen. Bei ihnen liegt allerdings die Betonung weniger auf »Amt« und »Ehre« als auf »Arbeit«. Im Kreiskrankenhaus Siegburg arbeiten 17 Frauen zwischen 38 und 69 als freiwillige Krankenbetreuerinnen. Sie werden wegen der Farbe ihrer Kittel »grüne Damen« genannt und nehmen sich viel Zeit, um mit beunruhigten Patienten und Patientinnen zu reden, begleiten sie zur Station, erledigen Formalitäten und versuchen, ihnen die Angst vor der Operation zu nehmen.

Frauen besuchen als »ehrenamtliche Helferinnen« Gefangene, arbeiten in Beratungsstellen und Kleiderkammern, betreuen Alte und pflegen Behinderte. Ohne den unentgeltlichen Einsatz von Frauen würde die soziale Arbeit von Kirchen und Wohlfahrtsverbänden zusammenbrechen.

»Es gibt sicherlich kaum etwas Sinnvolleres zu tun, als kranken Kindern in der Klinik ein wenig beizustehen.«

Mit diesen Worten suchte der Chefarzt des Kölner Kinderkrankenhauses »freiwillige Helferinnen«, die »ein paar Stunden am Tag die oft durch Haushalt oder Beruf unabkömmliche Mutter am Krankenbett des Kindes vertreten« sollten. Die eigenen Geschlechtsgenossen zu einer solchen Tätigkeit zu ermuntern, kam dem Herrn Chefarzt erst gar nicht in den Sinn.

Helfen, dienen, sich anderen zuwenden ist keine Tätigkeit nach dem Geschmack des starken Geschlechts, schon gar nicht, wenn es kein Geld dafür gibt. Frauen beziehen für diese ehrenamtliche Arbeit auch einen Lohn, nämlich die Dankbarkeit und Wertschätzung derer, denen sie helfen. Das Bundes-Verdienstkreuz am Band kriegt aber dann der Herr Caritas-Direktor.

Weihnachten 1993 wurden sechs Kölner Bürger mit dem städtischen Verdienstorden ausgezeichnet: Begründung: Jahrelang hatten sich die Herren »aktiv für ihre Mitmenschen eingesetzt« – als Ehrenvorsitzender der Katholischen Studentenverbindungen; als Kirchenvorstand; als Begründer des »Rheinischen Kunsthändler-Verbands«; im Schützenverein; als Vertriebenenfunktionär und Hobbyhistoriker beim Verein »Vereinigte Adelsarchive im Rheinland«. Ein einziger unter den so Geehrten hatte diejenige Art unspektakulärer gemeinnütziger Arbeit verrichtet, die sonst Frauen vorbehalten bleibt: Als Sportpädagoge und Lehrer hatte er sich in seiner Freizeit um lernschwache Schüler gekümmert.

Die von Männern auf Ehrenämter verwandte Zeit ist »öffentliche« Zeit. Die unentgeltliche ehrenamtliche Tätigkeit von Frauen ist dagegen die Fortsetzung der privaten Haus- und Beziehungsarbeit. Entsprechend geschlechtsspezifisch fällt die öffentliche Anerkennung aus.

Männer üben ihre Ehrenämter häufig in berufsnahen Bereichen aus. Und nicht immer wird das Ehrenamt unentgeltlich verrichtet. So kassiert beispielsweise der Vorsitzende der Kassenärztlichen Vereinigung Nordrhein, der Kölner Nervenarzt Winfried Schorre, für dieses Ehrenamt monatlich 15 000 Mark »Aufwandsentschädigung«, die ihm das Landesgesundheitsministerium jetzt per Aufsichtsanordnung um zwei Drittel kürzen möchte.

Für die achtziger Jahre stellte Doris Wagner von der Arbeiterwohlfahrt fest, daß die Ehrenamtlichen in den Hilfsdiensten der AWO zu 80 Prozent Frauen sind. Umgekehrt waren in der AWO-Bundeskonferenz aber nur 20 Prozent der Delegierten weiblich. Auch in den Vorständen der AWO-Organisationen überwogen die Männer bei weitem.

Unentgeltliche, »ehrenamtliche«, soziale Arbeit statt Erwerbstätigkeit wird den Frauen immer mal wieder von konservativer Seite schmackhaft gemacht. Dadurch sollen gleich mehrere Probleme gelöst werden. Verheiratete Frauen wären »sinnvoll« beschäftigt, ohne den Arbeitsmarkt zu »belasten«. Die Kostenexplosion im sozialen Bereich könnte durch die unentgeltliche Arbeit eingedämmt werden. Und die Familie käme auch nicht »zu kurz«, das heißt, der Ehemann müßte nicht auf seine häusliche Bequemlichkeit verzichten.

»Die Zeit der Frauen ist Zeit für andere. Die Zeit der Männer ist Zeit für sich«, resümieren Bochumer SozialwissenschaftlerInnen ihre Studie über die Zeitverwendungsmuster von Verkäuferinnen und deren Partner. Zeit und Arbeitskraft von Frauen zapfen die Männer wie einen natürlichen, ihnen zur Verfügung stehenden Rohstoff an – unbegrenzt und unentgeltlich (sieht man einmal von Kost, Logis und Unterhaltsverpflichtungen ab).

Wenn Frauen Zeit für sich wollen, müssen sie sie kaufen. Sofern sie die Mittel dazu haben, tauschen sie mit

anderen Frauen Geld gegen Zeit: Sie bezahlen Tagesmütter, Haushaltshilfen, Babysitter, Putzfrauen. Die ungerechte Verteilung der Arbeit zwischen den Geschlechtern
bleibt erhalten.

Kein Grund zum Optimismus –

die junge Generation

> »Timo hat gerade seinen siebzehnten Geburtstag
> gefeiert. Er besucht ein Gymnasium in Würzburg. Über
> die Zukunft der Frau, die er einmal heiraten wird, hat er
> schon ganz genaue Vorstellungen.
> ›Timo, du möchtest Jurist werden, heiraten und vier
> Kinder haben. Was ist, wenn deine zukünftige Frau der
> Meinung ist, daß du die Kinder großziehen solltest?‹
> ›Dann ist das nicht meine zukünftige Frau.‹
> ›Ach so.‹
> ›Ja, die Frau, die ich mal heirate, bleibt zu Hause, bei
> unseren Kindern.‹«
> ›Die Zeit‹, Nr.6, 5.2.1993

Ilse Ridder-Melchers, nordrhein-westfälische Gleichstellungsministerin, freute sich. Bei der jüngeren Generation,
so die Ministerin, scheine sich ein Wertewandel zu vollzie-
hen. In einer von ihrem Hause veranstalteten Umfrage
hatte ein Drittel der jungen Männer unter 24 dem folgen-
den Statement zugestimmt:

»Für ein Kind sind beide Elternteile wichtig. Eltern sollten sich den Erziehungsurlaub teilen.«

Sogar 31 Prozent der befragten jungen Männer bejahte
die Frage, ob sich Väter beruflich einschränken sollten,
um mehr Zeit für ihre Kinder zu haben. Von den über
55jährigen Männern waren nur 11 Prozent dieser
Ansicht.

Das war im März 1992. Im September 1992 wußte es die
Ministerin besser. Inzwischen hatte die Uni Bielefeld im
Auftrag ihres Hauses 160 elf- und zwölfjährige Schülerin-
nen und Schüler über ihre Zukunftsvorstellungen befragt.
Doppelt so viele Jungen wie Mädchen wollten demnach
»Karriere machen«. Die elf- und zwölfjährigen Jung-
Chauvis wissen heute schon, daß sie später im Beruf auf

keinen Fall »halbe Schichten fahren«, sprich, eine Teilzeit-beschäftigung ausüben wollen.

Die Kinder plaudern unbefangen aus, was sich die jungen erwachsenen Männer nicht mehr zu sagen trauen: daß sie mit Küche und Kindern nichts zu tun haben wollen. Jedenfalls dann nicht, wenn das bedeutet, sich beruflich einzuschränken.

Der Einstellungswandel, den die SozialforscherInnen bei jungen Männern feststellen, hält nicht, was er verspricht. Man traut sich nur nicht mehr so offen wie die Vätergeneration die patriarchale Arbeitsteilung einzuklagen. Praktiziert wird sie allemal. In der Shell-Studie »Jugend '81« sagten über 90 Prozent der jungen Männer zwischen 15 und 24, sie hätten noch nie in ihrem Leben Wäsche gewaschen, 70 Prozent hatten noch nie gekocht und 65 Prozent noch nie geputzt.

»Ich finde, Jungen gehören nicht in den Haushalt. Kochen ist Mädchensache. Denn später müssen wir arbeiten gehen, und die Mädchen ruhen sich aus«, resümiert der neunjährige Ingo die patriarchale Weltordnung. Ingos Mutter kann sich nicht so recht erklären, woher ihr Sohn diese altfränkische Einstellung hat. Immerhin erlebt Ingo zu Hause, daß auch sein Vater kochen kann und das Geschirr abspült. Ihr Mann, sagt Ingos Mutter, die ganztägig als Friseurmeisterin arbeitet, gehe ihr im Haushalt zur Hand, wann immer er es einrichten könne …

Die Jungen spiegeln das wider, was die Alten ihnen vorleben. Partnerschaftliche »Mithilfe« hin oder her, Kinder sehen, daß Hausarbeit in erster Linie Frauensache ist. Die Mädchen erfahren es am eigenen Leib. Die repräsentative Studie »Mädchen '82« belegte, daß Eltern Töchter weit häufiger zu Hausarbeiten heranziehen als Söhne. Nach Einschätzung der Mädchen waren 30 Prozent von ihnen, aber nur drei Prozent ihrer Brüder, für häusliche Reinigungsarbeiten wie Waschen, Spülen und Putzen zuständig. Die ganztägige Berufstätigkeit der Mutter beeinflußt die ungleiche Arbeitsverteilung im Haushalt kaum. Die gestreßten Mütter verlagerten Hausarbeit in erster Linie nicht auf Väter und Söhne, sondern auf Töchter.

Zehn Jahre später hat sich daran nichts Wesentliches geändert. Bei den Elf- bis Zwölfjährigen ergab die Umfrage der Uni Bielefeld, daß »Jungen und Mädchen zu Hause gleichviel mit anpacken«. Für die Jungen heißt das: »Öfter den Müll wegbringen, häufiger das Auto waschen und mit Vorliebe ihr Fahrrad reparieren.«(!) Die Mädchen müssen bügeln, Wäsche waschen, Tiere versorgen und das Badezimmer sauberhalten. Jungen werden mit zunehmendem Alter anscheinend immer weniger zur Hausarbeit angehalten. Bei den Dreizehn- bis Fünfzehnjährigen, so die Ergebnisse an der Uni Bielefeld, waren die Jungen von der Hausarbeit weitgehend freigestellt, während die Mädchen täglich eine halbe bis eine Stunde beansprucht wurden.

Nicht nur für Ehemänner und Lebenspartner, auch für Söhne ist die Familie Servicestation und Versorgungsinstanz. Ältere Söhne, die zu Hause wohnen, werden deutlich häufiger durch Dienstleistungen unterstützt als die Töchter. Mutter wäscht für sie die Wäsche, bügelt ihre Hemden, räumt ihnen das Zimmer auf und bekocht sie. Kein Wunder, daß die Zahl der »Nesthocker« unter den erwachsenen jungen Männern steigt. In den alten Bundesländern wohnt die Hälfte aller Männer zwischen 22 und 23 Jahren immer noch in der Herkunftsfamilie (Frauen zu einem Drittel).

Die Männer harren so lange bei Muttern aus, bis sich eine Ehefrau oder Liebespartnerin findet, die bereit ist, die persönlichen Dienste am erwachsenen Mann zu übernehmen. Anscheinend sind von den jüngeren Frauen immer weniger dazu bereit. In der Bielefelder Studie sehnen sich weitaus mehr Jungen als Mädchen nach einer Ehe, möglichst mit Kindern. Bequemer können sie sich ihre Zukunft gar nicht vorstellen.

Paschatum weltweit

> »Wenn die jüngste Ehefrau nicht als erste aufwacht und
> angezogen und gebadet ist, wenn alle anderen auf-
> wachen, wird das schon mit großem Mißfallen aufge-
> nommen. Sie kocht den Tee und serviert ihn den anderen
> ans Bett. Vielleicht kann sie sich ein paar Minuten neh-
> men, um ihrem Mann Tee zu bringen und sein Bad vor-
> zubereiten … Wenn ihr Mann zum Frühstücken kommt,
> kümmert sich meist seine Mutter um ihn. Sie sitzt bei
> ihren Söhnen und verjagt mit einem Fächer die Fliegen
> und unterhält sich mit ihnen. Die junge Frau serviert das
> Essen und wird dabei von der Schwiegermutter scharf
> im Auge behalten. Sie erhält Anweisungen wie ›Gib dei-
> nem ältesten Schwager noch einen Fisch, das mag er
> gern‹, oder ›Hol noch Reis. Siehst du nicht, daß der Tel-
> ler deines Mannes fast schon leer ist?‹«
> *Sherry Ortner, Harriet Whitehead (Hg.),*
> *Sexual Meanings, The Cultural Construction of Gender*
> *and Sexuality*

Nicht nur die deutschen Männer sind arbeitsscheu. Das
starke Geschlecht läßt weltweit arbeiten. Die Versorgung
von Mann und Kind ist Frauensache – rund um den Glo-
bus. Und in Erwerbs- oder Landwirtschaft sind die Frauen
meist Familienernährerinnen obendrein.

Bekannt wurde die von der UNO und ihrer Unterorga-
nisation ILO während der »Dekade der Frau« (1975–
1985) veröffentlichte Statistik: Frauen, die Hälfte der Welt-
bevölkerung, erzeugen 80 Prozent der Weltnahrungsmit-
tel, verrichten zwei Drittel der Weltarbeitsstunden, erhalten laut ILO fünf Prozent und laut UNO zehn Prozent
des Welteinkommens und besitzen ein Prozent des Welt-
vermögens.

In Polen helfen nicht einmal die jüngeren Männer im
Haushalt, während japanische Männer im Schnitt eine
Viertelstunde täglich Wischlappen oder Kochlöffel halten.
Zwar gibt es in Japan eine Tradition, wonach es Aufgabe
des erstgeborenen Sohns ist, sich um alte und gebrechliche

Eltern zu kümmern. Aber heutzutage delegiert der Sohn diese Aufgabe an seine Ehefrau. In den Niederlanden werden 20 Prozent der Hausarbeit von den Männern erledigt. Sobald Kinder vorhanden sind, ist auch in holländischen Familien Schluß mit der Emanzipation. Eine Studie der Universität Utrecht hat das gerade wieder bestätigt.

Die durchschnittliche erwachsene Österreicherin arbeitet Woche für Woche 6 Stunden und 20 Minuten länger als der durchschnittliche erwachsene Österreicher in Haushalt und Beruf. Bis der langjährigen Wiener Frauenministerin Johanna Dohnal der Geduldsfaden riß. Sie wollte die Mannsbilder das Fürchten lehren und dachte öffentlich über Zwangsmaßnahmen nach: Männer sollten durch eine Änderung im Familienrecht zur Hausarbeit verpflichtet werden. Auf Kuba gibt es das bereits. Ergebnis: gleich Null. Und Johanna Dohnal ist seit März 1995 nicht mehr im Amt.

In den fünfziger Jahren erzählte man sich in Europa Witze über amerikanische Männer. Die hätten sich von ihren emanzipierten Frauen zu Haushaltstrotteln machen lassen und ständen nun mit dem Küchenschürzchen vorm Gemächte am Herd. Die Ursprünge dieses Märchens lassen sich nicht mehr zurückverfolgen. Vielleicht waren die amerikanischen Männer der Nachkriegszeit eher als die Europäer bereit, hin und wieder einmal das Geschirr abzutrocknen oder im Garten den Grill zu bedienen, ein Gerät, das damals in Europa weitgehend unbekannt war. Sollten amerikanische Männer tatsächlich Pioniere einer gerechteren Verteilung der Arbeit zwischen den Geschlechtern gewesen sein, so haben sie diese Rolle inzwischen eingebüßt. Amerikanische Studien aus den sechziger und siebziger Jahren zeigen, daß berufstätige Frauen im Schnitt 15 Stunden länger pro Woche arbeiten als berufstätige Männer – weil letztere ihnen die Hausarbeit überlassen. Für die achtziger Jahre hat sich das Bild differenziert. Je nach Studie ergaben sich zwischen 11 und 19 Stunden weniger wöchentliche Arbeitszeit für Männer – im Durchschnitt also immer noch 15 Stunden weniger fürs starke Geschlecht. Dahinter verbergen sich sehr unterschiedliche Einzelfälle. Es gibt eine Minderheit partnerschaftlicher Männer, die, wenn die Frau beruflich stark eingespannt ist, die Hälfte der Hausarbeit übernehmen. Und eine andere Minderheit derjenigen, die zu Hause keinen Handschlag tun. Dazwischen steht das große, große Mittelfeld der männlichen Mehrheit, welche unentschlossen vor den Bergen schmutzigen Geschirrs oder Kinderwäsche verharrt, in der Hoffnung, daß Problem werde sich irgendwie von allein erledigen. Berufstätige Amerikanerinnen empfinden die Doppelbelastung durch Familienarbeit sehr bedrückend, wie kürzlich eine Umfrage des Frauenbüros beim US-Arbeitsministerium ergab.

In neueren Globalstatistiken der UNO lebt das Bild vom partnerschaftlichen US-Amerikaner wieder auf. Laut UNO-Zahlen von 1990 sind Nordamerika und Australien die einzigen Regionen der Welt, in denen Männer auf eine leicht höhere Wochenstundenzahl an Erwerbs- und Hausarbeit kommen als Frauen. Demnach liegt der Wochendurchschnitt der Männer in USA, Kanada und Australien bei 50 Stunden Arbeit, der der Frauen bei 49. In allen anderen Weltregionen arbeiten die Frauen auch nach neuesten UNO-Statistiken bedeutend länger.

Der krasseste Unterschied zwischen den Geschlechtern besteht in Afrika. Dort arbeiten die Frauen im Schnitt 67 Stunden in der Woche, die Männer 53. Im asiatischen und pazifischen Raum begnügt sich der Durchschnittsmann mit 53 Wochenstunden, die Frau ist über 60 Stunden jede Woche tätig.

Am stärksten durch Arbeit belastet sind laut UN die

Frauen Osteuropas, die es im Schnitt auf eine 70-Stunden-Woche bringen (Männer: 63 Stunden). Solche Arbeitslast müssen in Deutschland nur die vollerwerbstätigen Mütter kleiner Kinder tragen. Im Vergleich zur übrigen Welt sind in Westeuropa beide Geschlechter relativ wenig mit Arbeit belastet – aber der Abstand zwischen dem, was Männer tun, und dem, was Frauen leisten, läßt sich mit afrikanischen und asiatischen Verhältnissen vergleichen. Dem Westeuropäer reichen 43 Stunden Arbeit in Haushalt und Beruf – dann ist Feierabend; auf 48 Stunden summiert sich der Beitrag der Westeuropäerin.

Diese offiziellen und sehr globalen Zahlen geben aber nur ein unvollständiges Bild. Ein Großteil der Frauenarbeit ist immer noch »unsichtbar«. Männliche Wirtschaftsfachleute und Entwicklungsexperten nehmen vorwiegend ihresgleichen wahr. Weltweit arbeiten Männer in denjenigen Bereichen, in denen sich der Output am ehesten quantifizieren läßt, in festen Arbeitsverhältnissen in der Industrie oder in der für den Markt produzierenden Landwirtschaft. Die internationale Arbeitsorganisation ILO der Vereinten Nationen schätzt, daß ein Großteil der von Frauen verrichteten Arbeit statistisch nicht erfaßt wird. Zum Beispiel, wenn Frauen als »mithelfende Familienangehörige« in der Landwirtschaft oder in handwerklichen Kleinbetrieben tätig sind.

Frauen tragen die Hauptlast der Selbstversorgungswirtschaft in den Ländern der »Dritten Welt«, ohne daß sich dies in Zahlen ausdrücken ließe. Bei den Armen Asiens, Afrikas und Lateinamerikas sichert die Frauenarbeit so gut wie möglich das Überleben. Frauen schleppen oft über Kilometer die täglichen Wasserrationen heran, sie sammeln Brennholz zum Kochen oder verarbeiten Kuhdung zu Brennmaterial. In Afrika verrichten Frauen über die Hälfte der Landarbeit, in Bangladesh sogar bis zu 90 Prozent. Diese Selbstversorgungswirtschaft ist ebenso wie die Hausarbeit in den Industrieländern zum großen Teil »Schattenarbeit«, das heißt, sie wird von der offiziellen Wirtschaftsstatistik nicht zur Kenntnis genommen. Obwohl sie für Männer, Frauen und Kinder überlebenswichtig ist. Frau in Asien, Afrika oder Lateinamerika zu sein heißt auch, die körperlich schwersten Arbeiten zu verrichten: Steine schleppen, unter Tage Kohle hauen, stundenlang in gebückter Haltung auf den Feldern arbeiten.

Als Lichtblick in der weltweiten patriarchalen Finsternis gelten die skandinavischen Länder, vor allem Schweden. In den siebziger Jahren legte Schweden ein ehrgeiziges Programm zur Gleichstellung der Geschlechter auf. Das Ehegatten-Splitting, die steuerliche Belohnung der Hausfrauendienste am Ehemann, wurde abgeschafft. Kindertagesstätten wurden ausgebaut, so daß 1989 die Hälfte aller Kinder im Vorschulalter außer Haus betreut werden konnte. Auch Altenbetreuung ist stärker als in Deutschland eine öffentliche Angelegenheit. Wichtiger Baustein des Gleichstellungsprogramms ist die Elternversicherung. Elternurlaub ist in Schweden mit Lohnersatzleistungen verbunden, die diesen Namen tatsächlich verdienen: Auch der Vater bekommt 90 Prozent seines Gehalts weiterbezahlt, wenn er nach der Geburt oder während der Krankheit eines Kindes beruflich eine Weile pausiert.

Heute sind in Schweden fast ebenso viele Frauen wie Männer erwerbstätig, viele allerdings in Teilzeitarbeit. Und wie überall auf der Welt überlassen die Nachfahren der Wikinger die zweite Schicht überwiegend ihren Frauen. Frauen, die mit Männern zusammenleben, leisten laut Schwedischem Statistischen Zentralbüro durchschnittlich 37 Hausarbeitsstunden pro Woche. Und das Erziehungsgeld der Elternversicherung mag noch so großzügig bemessen sein: In den achtziger Jahren nahmen 23

Prozent der Väter Elternurlaub, aber nicht die zwölf Monate, die ihnen mit Lohnersatz zustehen. Und schon gar nicht den auf fünfzehn Monate verlängerten Anspruch bei weniger Geld. Dem Durchschnittsvater genügten sechs Wochen Dienst an der Wickelkommode. Schweden beweist: Selbst wenn frau den roten Teppich ausbreitet, freiwillig lenken die Männer ihre Schritte nicht in Richtung Herd und Kinderzimmer. Auch die allgemeine Arbeitszeitverkürzung hat sich in Schweden nicht als Königsweg zur Geschlechtergleichheit erwiesen. Die zusätzliche freie Zeit verbringen die Männer lieber auf dem Sportplatz und im Hobbykeller als in der Küche.

Männer im Beruf –

unterbeschäftigt und überbezahlt

> »Post erledigen: Ermuntern Sie Ihre Sekretärin, die
> Routinepost weitgehend selbständig zu erledigen. Über-
> tragen Sie ihr die Befugnis, gegebenenfalls Post wegzu-
> werfen. Berichte: Lesen Sie die Zusammenfassung, die
> jeder gute Bericht aufweisen sollte, oder lassen Sie Ihre
> Sekretärin die Berichte lesen und für Sie zusammen-
> fassen. Fachzeitschriften: Lassen Sie Ihre Sekretärin alle
> Veröffentlichungen überfliegen und wichtige Aspekte
> für Sie markieren oder zusammenfassen. Sie können
> auch verschiedene Mitarbeiter mit der Lektüre bestimm-
> ter Publikationen beauftragen.«
> *Alec Mackenzie, Die Zeitfalle*

Die meisten von Männern ausgeübten Bürojobs und auch
viele Tätigkeiten in Handwerk und Industrie, sind so ange-
legt, daß mann sich nicht kaputt schuftet. Meist bleibt Zeit
für ein Schwätzchen mit Kollegen, für Bier- und Kaffeepausen auch außerhalb gesetzlicher oder tariflicher Pau-
senvorschriften. Nicht wenige Angestellte und Beamte im
Öffentlichen Dienst betätigen sich nebenbei als Versiche-
rungsvertreter und Verbandslobbyisten. Der Zweitjob
wird selbstverständlich in der Arbeitszeit erledigt. Oder
man läßt sich gegen Honorar zu Verbandstagen und
Expertenrunden einladen – ausgerüstet mit Manuskripten,
die in den seltensten Fällen eigenhändig erstellt wurden.
Denn Männer lassen arbeiten, nicht nur zu Hause, auch im
Büro. Sie haben erst dann das Gefühl, etwas geleistet zu
haben, wenn sie auf die Leistungen anderer zurückgreifen
können. Sobald es die Hierarchiestufe erlaubt, lassen sie
Dienste und Zuarbeit von anderen verrichten. Ob nun der
Professor das von seinem Assistenten erstellte Gutachten
unter eigenem Namen veröffentlicht und das Honorar
dafür einstreicht, oder ob der Geschäftsführer beim Fach-

kongreß der Branche die von der Marketing-Assistentin erarbeitete Rede vorträgt. Alles Zeitaufwendige, Arbeitsintensive, alles, was nicht unmittelbar Status, Prestige und Geld einbringt – also einen großen Teil der *inhaltlichen* Arbeit – delegieren Männer an andere Personen und sammeln anschließend die Ergebnisse ein. Sie delegieren entweder an jüngere, ihnen in der Hierarchie unterstellte Männer, die ihrerseits hoffen, es eines Tages genauso machen zu können, oder an Frauen. Die sind es von Haus aus gewohnt, unauffällig und effizient im Hintergrund zu arbeiten. Und sich herumkommandieren zu lassen.

»Meine Sekretärin sucht Ihnen das schnell raus.«

»Ich brauch' mal den Ordner über die Verkaufsentwicklung im zweiten Halbjahr.«

»Stellen Sie mir bitte bis morgen alles an Material über die Novellierung des Außenhandelsgesetzes zusammen.«

»Verbinden Sie mich mal rasch mit meiner Frau.«

Eine Sekretärin im Vorzimmer ist Statussymbol und Arbeitskraft zugleich. Das Vorzimmer signalisiert: Dahinter sitzt jemand Wichtiges, den man mit Alltagskleinkram nicht belästigen darf. Der viel zu wertvoll ist, um eigenhändig Telefontasten zu drücken oder seine Opernkarten selbst zu bestellen. Der zu hochbezahlt ist, um sich mit Inhalten abgeben zu müssen.

Für Männer, die es noch nicht soweit gebracht haben, gibt es einige Ersatzbefriedigungen. In Büros sind das vor allem Konferenzen und Sitzungen. Dort verbringen sie gern viele Stunden. Weniger, weil dort Wichtiges verhandelt würde. Der Hauptzweck solcher Veranstaltungen liegt darin, Männern ein Forum für die ausführliche Selbstdarstellung zu bieten. Rund die Hälfte der auf Sitzungen verbrachten Stunden gelten laut Managementhandbüchern als verschwendete Zeit. Ein Manager in der Wirtschaft verbringt im Schnitt zehn Stunden pro Woche in

Besprechungen. In der Politik und im Bildungssektor wird noch wesentlich mehr Zeit »versessen«. Während man in der Wirtschaft erkannt zu haben scheint, wieviel Leerlauf profilierungssüchtige Vielredner an Konferenztischen verursachen, ist der männliche Selbstdarstellungstrieb in Politik und Öffentlichem Dienst ungebremst.

Das Sich-Aufblasen und Wichtigtun scheint zum Ritual in einer Männergruppe zu gehören. Ganz besonders wird es aber gepflegt, wenn einzelne Frauen der Runde angehören. Was nicht heißt, die sich spreizenden Pfaue würden die Kolleginnen ernst nehmen. Im Gegenteil. Frauen machen in Geschäftsbesprechungen oder Konferenzen immer wieder die Erfahrung, daß ihre Redebeiträge ignoriert, ihre Vorschläge nicht aufgegriffen werden. Macht jedoch eine halbe Stunde später, in langatmige Ausführungen verpackt, ein Mann den gleichen Vorschlag, sind plötzlich alle begeistert. So funktioniert der Ausschluß der Frauen auch dann noch, wenn sie bereits am Konferenztisch sitzen.

Ein anderer bei Männern beliebter Zeitvertreib sind Geschäftsreisen. Nicht alle sind notwendig. Offenbar dienen sie häufig dazu, aus dem Alltagstrott im Büro herauszukommen. Auch läßt sich auf diese Weise den Ansprüchen von Frau und Familie entfliehen. Es kann sehr angenehm sein, sich abends im Hotelzimmer in der fremden Stadt vor den Fernseher zu hauen. Von anderen Vergnügungen, die fremde Großstädte bieten, mal ganz zu schweigen. Zu Hause hätten vielleicht die schlechten Schulnoten des Sohns dem vielgeplagten Mann zum x-ten Male den Feierabend verdorben.

Die Berliner Arbeitszeitberater Dr. Hoff, Weidinger und Partner haben festgestellt, daß Führungskräfte deutscher Unternehmen bis zu 60 Prozent ihrer Zeit darauf verwenden, ihre Position abzusichern und sich zu profilieren. Bei einer mittelgroßen Firma entdeckten die Unternehmensberater 450 verschiedene Formulare für die innerbetriebliche »Kommunikation«. Unausgelastete Manager hatten diese Zettelbürokratie entworfen.

Die früher unter dem Namen Managerkrankheit bekannte Herz-Kreislauf-Symptomatik rührt unter Umständen weniger von der vielen Arbeit als von den vielen Arbeitsessen. Wie überhaupt bei den höheren Chargen in den Büros Arbeit und Freizeit nicht mehr exakt zu trennen sind. Oder wie soll man die Geschäftsreise mit eingeplantem Einkaufsbummel verbuchen? Die Selbsterfahrungswoche für Manager im Luxushotel? Das Kundengespräch auf dem Golfplatz?

Kein Wunder, wenn manche Situation im Erwerbsleben von Männern Außenstehenden eher als geselliges Beisammensein denn als Arbeit erscheint.

Die wöchentliche Arbeitsbelastung deutscher Führungskräfte soll im Schnitt 54 Stunden betragen. Zum Vergleich: Jede dritte erwerbstätige Frau kommt mit Hausarbeit auf eine 70-Stunden-Woche. Managerkritiker Günter Ogger meint allerdings, daß der Berufsalltag einer Führungskraft selten länger als acht Stunden dauert. Wenn sich dennoch viele Männer lieber im Büro als zu Hause aufhalten, ist das Teil ihrer Flucht vor Familienarbeit.

Die Männer sehen das natürlich anders. »Ich würde ja so gern mit dir tauschen«, sagt die aufstrebende junge Führungskraft morgens am Frühstückstisch zur Gattin. »Aber leider, leider …« Und er enteilt, seinen unverzichtbaren Aufgaben entgegen. Auch der Handwerker oder Facharbeiter, der abends und an Samstagen Überstunden kloppt, tut das natürlich nur aus Verantwortung der Familie gegenüber. Die nimmt mann am besten wahr, indem mann sich dort möglichst wenig blicken läßt.

Die körperlich anstrengenden Arbeiten sind heute eher in den Frauen- als in den Männerberufen zu finden. In den klassischen Handwerks- und Facharbeiterberufen sind moderne Maschinen im Einsatz, die körperlich schwere Arbeit zur Ausnahme machen. Falls in Männerberufen doch noch schwere Arbeit anfällt, wird sie meist von Ausländern erledigt.

Typische Frauenarbeit ist dagegen körperlich belastend geblieben: Krankenpflege, Putzen, Regal-Auffüllen im Supermarkt, Paketumschlagdienst bei der Post.

Sicher gibt es viele in ihrem Beruf hart arbeitende Männer. Die Kaffeepausen, Bierpausen und Arbeitsessen seien ihnen gegönnt. Nur: Erwerbstätige Frauen erledigen in der gleichen Zeit ungleich mehr Arbeit. Weil sie als Arbeiterinnen an taktgebundenen Arbeitsplätzen ausharren müssen, wo selbst der Gang zum Klo reglementiert ist. Weil sie in den Büros einen großen Teil der faktischen Arbeit leisten. Und weil sie als Teilzeitkräfte in kurzer Zeit viel erledigen müssen. Dafür bekommen sie erheblich weniger Geld. Frauen verdienen bei gleicher oder ähnlicher Tätigkeit im Schnitt noch immer ein Drittel weniger als Männer. Am Qualifikationsniveau liegt es nicht. Das ist in den letzten Jahren drastisch angestiegen. Unterschiede zum Bildungs- und Ausbildungsstand der Männer gibt es kaum noch. Dennoch ist die Lohnschere nicht kleiner geworden. In einigen Bereichen ist sie sogar stärker auseinandergegangen. Viele Frauen können von dem, was sie auf dem Erwerbsarbeitsmarkt verdienen, kein eigenständiges Leben führen. Selbst vollzeitbeschäftigte Frauen verdienen oft kaum das Salz in der Suppe. Eine Zahnarzthelferin in Hessen hatte 1992 Anspruch auf ein monatliches Tarifgehalt von 3052 DM brutto – nach 22 Berufsjahren. In seiner Süßwarenfabrik im thüringischen Saalfeld bot der Schokoladenfabrikant Hans Imhoff 1992 Stundenlöhne von 7,35 DM. Nach sechs Berufsjahren liegt das Tarifgehalt einer Verkäuferin bei 3010 DM.

In der DDR war ehemals die Differenz zwischen Frauenverdiensten und dem, was Männer nach Hause brachten, nicht ganz so krass. Noch Anfang 1991 betrug der Unterschied in den neuen Ländern 19 Prozent bei ArbeiterInnen und 22 Prozent bei Angestellten. Durch die Übernahme der stärker ausdifferenzierten westlichen Tarifstrukturen sind die Abstände zwischen den Männer- und Frauen-Entgelten in den neuen Ländern jetzt auf West-Niveau. Das heißt, die im Westen übliche Lohndiskriminierung ist auf den Osten übertragen worden. Und das sogar mit Hilfe der Gewerkschaften, die im Eifer, die »Tarifunion« herzustellen, ihre eigenen Beschlüsse zur Lohngleichheit »vergaßen«.

Daß es zwischen Lohn und Leistung einen zwingenden Zusammenhang gebe, ist eine der großen Grundsatz-Lügen unseres Gemeinwesens.

Männer können sich nur deshalb zum »Ernährer« der Familie aufblasen, weil sie für ihre relativ angenehmere, kürzere und anerkanntere Arbeit überdurchschnittlich viel Geld einkassieren. Würden die Löhne und Gehälter von Frauen der tatsächlichen Schwierigkeit, Qualifikation und Verantwortung ihrer Berufsarbeit entsprechen, wäre so mancher »Ernährer« vollkommen überflüssig.

Bedeutung und Umfang von Erwerbsarbeit nehmen weltweit ab. Im Jahre 1946 konnte ein zwanzigjähriger Arbeitnehmer in Westeuropa davon ausgehen, ein Drittel seines wachen Lebens mit Erwerbsarbeit zu verbringen. 1975 war diese Zeit auf ein Viertel geschrumpft. Und Ende der achtziger Jahre konnte der junge Westeuropäer damit rechnen, auf sein gesamtes Leben bezogen, nur noch ein Fünftel seiner Tageszeit in der Fabrik oder im Büro zu verbringen. In der Bundesrepublik Deutschland schrumpfte das jährliche Erwerbsarbeitsvolumen zwischen 1955 und 1989 um dreißig Prozent.

Bedingt durch die rasante Entwicklung der Mikroelektronik haben die Produktivitätsschübe der letzten Jahrzehnte bewirkt, daß in immer kürzerer Zeit immer mehr Güter durch immer weniger Menschen hergestellt werden. Die Rationalisierungswelle hat längst Büros und Verwaltungen erreicht. Der Dienstleistungssektor, jahrzehntelang Auffangbecken für die in der Industrie freigesetzten Arbeitskräfte, kann in Zeiten flauer Konjunktur und leerer öffentlicher Kassen diese Funktion nicht mehr erfüllen. Durch die von den Gewerkschaften erkämpfte Arbeitszeitverkürzung konnten zwar etliche hunderttausend Arbeitsplätze gerettet werden. Dennoch steuern die Arbeitslosenzahlen in Deutschland seit Ende des Krieges nicht gekannte Höhen an. Der naheliegende Gedanke, durch weitere drastische Verkürzung der Tages- und Wochenarbeitszeit die vorhandene Arbeit auf mehr Menschen zu verteilen, stößt in der Wirtschaft auf Skepsis. Die Volkswagen AG hat durch die Einführung der Vier-Tage-Woche Arbeitsplätze gerettet (und sich selbst vor der Zahlung riesiger Abfindungssummen bewahrt). Andere Konzerne setzen statt dessen auf die weitere Verkürzung der Lebensarbeitszeit. Und wälzen damit die Beschäftigungsprobleme auf die Rentenversicherungsträger ab. Vorruhestandsregelungen und flexible Altersgrenze haben das durchschnittliche Renteneintrittsalter von Männern bereits von 62,2 Jahren (1973) auf 58,8 Jahre (1986) gedrückt. Inzwischen bieten viele Unternehmen ihren Beschäftigten bereits mit 55 Vorruhestandsregelungen an, darunter VW, BMW, BASF, Mannesmann und die Deutsche Bundesbahn für ihre Beamten. Bei Ford in Köln und IBM Deutschland können MitarbeiterInnen bereits mit 50 den Abschied nehmen, ebenso wie die Offiziere der schrumpfenden Bundeswehr.

Entsprechend sinkt die Erwerbsquote der Männer, das

heißt, der Anteil der Erwerbspersonen an den Männern im erwerbsfähigen Alter. Die Erwerbsquote der Frauen dagegen steigt. Viele der in den achtziger Jahren neu entstandenen Frauenarbeitsplätze werden aber von vornherein nur als Teilzeitjobs angeboten: im Reinigungsdienst, an der Supermarktkasse, bei der Brief- und Paketverteilung, bei der Verkehrsüberwachung (Politessen). Das gesamte Erwerbsarbeitsvolumen der Frauen ist also nicht wesentlich gestiegen, aber das der Männer ist geschrumpft. Angesichts der Tatsache, daß ein heute fünfzehnjähriger potentieller Familienernährer voraussichtlich mehr Lebenszeit vor dem Fernseher als im Büro zubringen wird, wird der von Männern verherrlichte Berufs- und Leistungsmythos immer unglaubwürdiger.

Aber ich will nicht ungerecht sein. Hinter den Durchschnittszahlen verbirgt sich eine durchaus widersprüchliche Entwicklung. Die »Normalarbeitsverhältnisse« – unbefristete Beschäftigung, mindestens tarifliche Bezahlung, volle soziale Absicherung – bleiben zumeist Männern »in den besten Jahren« vorbehalten. Gesundheitlich angeschlagene, schlecht ausgebildete oder ältere Männer sind einem ähnlichen Verdrängungswettbewerb ausgesetzt wie Frauen. Ihnen droht Erwerbslosigkeit, während ihre Geschlechtsgenossen im »Normalarbeitsverhältnis« Überstunden leisten. Im Baugewerbe sind 50- oder 60-Stundenwochen keine Seltenheit. Im Bundesdurchschnitt müssen Bauarbeiter allerdings auch schon im Alter von 53 Jahren und vier Monaten in Rente gehen, weil sie körperlich verschlissen sind. Die meisten vollbeschäftigten Männer sind aber mit Arbeit keineswegs derart überlastet, wie sie vorgeben. In den meisten Bereichen dauert die Arbeitswoche heute 37,5 Stunden oder sogar weniger. Nur ein Teil dieser Arbeitszeitverkürzung wurde durch Leistungsverdichtung wieder aufgehoben. Der Druck hat vor allem an den Arbeitsplätzen der Frauen enorm zugenommen: Bei Akkordtätigkeiten am Band oder an Maschinen, bei Reinigungsarbeiten, im Einzelhandel. Aber auch in Altenheimen und Krankenhäusern, wo eine unzureichende Personaldecke zu starker physischer und psychischer Belastung führt.

Die Tatsache, daß über ein Drittel aller erwerbstätigen Frauen Teilzeitbeschäftigungen nachgehen (Männer: 3,2 Prozent), mindert den Druck nicht. Bei den meisten Teilzeitjobs wurden zwar Lohn und Arbeitszeit reduziert, nicht aber der Arbeitsumfang, zumindest nicht in gleichem Ausmaß. Viele Teilzeitkräfte erledigen in vier oder sechs Stunden soviel Arbeit wie Vollbeschäftigte in acht Stunden. Das ist sogar bei personenbezogener Arbeit der Fall. So berichten Lehrerinnen mit Beschäftigungsverhältnissen unterhalb der vollen Stundenzahl, daß ihnen die arbeitsaufwendigeren Kurse zugewiesen werden, weil sie »ja nicht so belastet« seien. Der Leerlauf, der während eines Acht-Stunden-Tages hin und wieder auftritt, die vielen kleinen Pausen, die große Müdigkeit nach dem Mittagessen, die Kaffeerunde, das Schwätzchen mit KollegInnen, all das fällt für Teilzeitbeschäftigte flach. Oder sie schaffen ihr Pensum nie. Nach vier, fünf, maximal sechs Stunden muß der Schreibtisch abgearbeitet sein, muß die Teilzeit-Beschäftigte weg, weil das Kind aus dem Kindergarten geholt werden muß und zu Hause die zweite Schicht wartet.

Kein Wunder, daß Männer Teilzeitarbeit scheuen. Es gibt nicht nur weniger Geld, sondern sie müßten dann in einem Ausmaß arbeiten, wie es das starke Geschlecht nun einmal nicht gewohnt ist.

Warum die Männer so faul sind

»Viele Männer reagieren langsam, sehen schlecht. Amerikanische Ärzte überprüften die Kragenweite krawattetragender Männer. Ihr Ergebnis: Bei zwei Dritteln war der Kragen zu eng! Die Folgen: Die Blutzufuhr zum Gehirn und zu den Augen wird durch einen zu engen Kragen meßbar beeinträchtigt.«
›Welt am Sonntag‹, 13.3.1988

»Er sieht einfach den Dreck nicht. Da müssen die Küchenschaben auf dem Tisch 'rumlaufen, dann ist es dreckig. Den Nerv' hab' ich natürlich nicht, so lange zu warten. Manchmal sag' ich es ihm dreimal, dann hört er nicht. Vielleicht hat er einen Hörschaden.«
Karin Klees, Partnerschaftliche Familien

Endlich wissen wir's: Die Männer weigern sich so hartnäckig, ihre Hälfte der gesellschaftlichen Arbeit zu übernehmen, weil ihr Gehirn nicht ausreichend mit Blut versorgt wird. Ihre Kragen sind zu eng. Deshalb können sie, wenn überhaupt, nur ganz langsam auf unsere Forderungen reagieren. Und sie sehen und hören schlecht. Sie können weder sehen, daß Klo oder Küche geputzt werden müssen, noch hören, wenn die Partnerin sie darauf hinweist.

Dummerweise sind aber nicht nur Krawattenträger in ihrem Seh-, Hör- und Reaktionsvermögen beeinträchtigt. Bei Typen in Jeans und Sweatshirt ergeben sich ähnliche Befunde. Es muß sich also um grundlegende Fehler in den körperlichen Abläufen des Mannes handeln. Irgendwas stimmt bei ihnen nicht, macht sie unfähig, mit Windeln, Wischlappen oder Bügeleisen umzugehen. Tun sie's dennoch, sind die Folgen bisweilen tragisch.

Mit lebensgefährlichen Verletzungen mußte ein Mann aus Köln ins Krankenhaus gebracht werden. Beim Geschirrspülen in der Küche hatte sich der 26jährige ein Messer in den Bauch gerammt.

Die Männer wissen, daß die Arbeit im Haushalt nicht nur schwer, einsam und belastend, sondern auch gefährlich ist. Schließlich entwerfen Männer die Kücheneinrichtungen und sind als Architekten, Möbeltischler und Elektriker verantwortlich für die Sicherheit im Haushalt. Von den sieben Millionen Unfällen jährlich in den alten Bundesländern geschehen die meisten in der Wohnung (36 Prozent) und im Garten (14 Prozent). In Wohnung und Küche ist es am gefährlichsten. Dort kann man sich leicht die Knochen brechen, sich Prellungen, Zerrungen, Schnittverletzungen, Brandwunden und Verbrühungen zuziehen. Kein Wunder also, daß die meisten Männer aufs Kochen und Bügeln verzichten. Es ist einfach zu gefährlich für diese Tolpatsche. Diese bedrohlichen Arbeiten sollte man wirklich lieber dem schwachen Geschlecht überlassen. Das hat dann zwar zusätzlich zu den Verbrennungen und Knochenbrüchen auch noch den Psychostreß zu ertragen, an dem nach einer Studie der Münchner Medizinischen Wochenschrift vor allem jüngere Hausfrauen leiden. Aber immerhin liegt es bei den Frauen nicht an der mangelnden Blutzufuhr zum Gehirn.

Merkwürdigerweise gibt es Männer, die von Berufs wegen ganz ähnliche Arbeiten verrichten, wie sie im Haushalt anfallen. Es gibt Männer, die trotz ihrer dicken Finger geschickt mit Nadel und Faden umzugehen wissen: Chirurgen und Herrenschneider. Es gibt Männer, die tagaus, tagein am Herd wahre Wunder der Kochkunst vollbringen, meist ohne sich die Finger zu verbrennen: die Köche. Es gibt sogar Gebäudereiniger, die ohne abzustürzen Fenster putzen. Und Arbeiter in der Putzkolonne. Dort führen sie die schweren Reinigungsmaschinen und sind zwei Lohngruppen höher eingestuft als ihre Kolleginnen, die »einfachen« Putzfrauen. Es gibt sogar Altenpfleger, Sozialarbeiter, Therapeuten und Lehrer, also Männer, die in »personenbezogenen« Berufen arbeiten, in Berufen, in denen »Beziehungsarbeit« geleistet werden muß.

Es sind weder die zu engen Kragen noch die Gene. Es ist weder die größere Schmutztoleranz der Männer noch ihre angeborene Ungeschicklichkeit. Es sind auch nicht die bösen Chefs und Arbeitgeber, die die Männer daran hindern, die Hälfte der Haus- und Familienarbeit zu übernehmen.

Männer machen keine Hausarbeit, weil sie faul sind. Und sie sind faul, weil sie es sich leisten können.

Herrschende Kasten haben sich schon immer durch Müßiggang ausgezeichnet. Oder dadurch, daß sie eine Arbeitsteilung durchsetzten, bei der sie die angenehmeren und angeseheneren Arbeiten für sich reservierten.

Männer sind faul, weil sie das sozial stärkere Geschlecht sind. Sie setzen sich Frauen gegenüber durch. Im Beruf, auf der Straße, im Haushalt. Notfalls mit Gewalt.

Ihre »Mithilfe« im Haushalt richten sie danach aus, was sie gern tun. Oder was sie trotz der Durchblutungsstörungen einsehen, was getan werden muß. Tun sie's nicht gern oder sehen sie es nicht ein, dann machen sie es eben nicht. Männer können sich das erlauben, weil sie die Macht haben. Ihre gesellschaftliche Dominanz erlaubt es ihnen, sich die Arbeit anderer billig oder kostenlos anzueignen. Und bei Widerstand auf stur zu schalten. Im Vertrauen auf ihre Machtposition ignorieren Männer die Wünsche und Forderungen ihrer Frauen. Werden deren Ansprüche massiv vorgetragen, verweigern die »Partner« nicht nur die Arbeit, sondern auch die Kommunikation. Sie hören nicht zu, sie antworten nicht, die Frauen treffen auf eine Mauer des Schweigens. Oder die Männer umgeben sich mit einem »Panzer an Rationalität«, verspotten die »niedrige Schmutztoleranz« der Frau, machen sich lustig darüber, daß diese meint, es müsse überhaupt irgend etwas im Haushalt getan werden.

Wer in der Gesellschaft das stärkere Geschlecht ist, zeigt sich bereits bei der Erziehung der Söhne. Während die meisten Eltern den Anspruch vertreten, Mädchen und Jungen gleich zu erziehen und auch den Jungen Kenntnisse in Hausarbeit zu vermitteln, werden tatsächlich die Mädchen stärker zur Hausarbeit angehalten. Die Jungen bleiben ziemlich ungeschoren, sieht man einmal davon ab, daß sie hin und wieder den Mülleimer leeren. Offenbar trauen sich Frauen ebenso wenig wie sie ihre Ehemänner zur Hausarbeit zwingen, die Söhne heranzuziehen. Obwohl doch ein Jugendlicher, sollte man meinen, weniger Möglichkeiten hat, sich vor dieser Arbeit zu drücken als der ausgewachsene »Ernährer« der Familie. Aber die ganze Gesellschaft basiert auf der Dominanz der Männer. Schon der mickrigste, schwächste Mann, oder der Jugendliche, ja bereits das männliche Kind, weiß sich in dieser Struktur geborgen und profitiert davon.

Ist der Mann erst beruflich fest im Sattel und verdient entsprechend, ist seine Dominanzposition in der Familie kaum noch angreifbar. Schließlich bringt er das Geld nach Hause. Von ihm, dem »Ernährer«, hängen alle ab. Vor allem natürlich dann, wenn die Frau so dumm war, einen »Frauenberuf« zu erlernen. Oder zu seinen Gunsten beruflich zurücksteckte. Oder aus dem Beruf ausschied, als das erste Kind kam.

Verbal bekennen sich viele Männer zu partnerschaftlichem Verhalten. Faktisch verweigern sie es. Denn sie wissen, daß sie dabei etwas zu verlieren haben. Sie hätten nicht mehr soviel freie Zeit, möglicherweise, weil nicht alle ihre Energien in den Beruf gingen, auch nicht mehr soviel Geld. Vor allem aber verlören sie die »Naturressource« des gemachten Nestes. Für ihr Wohlbefinden im Alltag müßten sie selber sorgen beziehungsweise die Partnerin im selben Ausmaß umsorgen, wie sie es von ihr gewohnt sind.

»Was sollte einen Mann bewegen, die Freiheit aufzugeben, seine Zeit und Energie nach eigenem Gusto zwischen Beruf, Freizeitvergnügen, Politik und Kinderbetreuung aufzuteilen?« fragt der Politiker der Grünen und ehemalige Bremer Umweltsenator Ralf Fücks. Und kommt zu dem Schluß, daß zwei Ängste den Mann bewegen könnten, die Freiheit aufzugeben, völlig ichbezogen über seine Zeit zu verfügen. Erstens die Angst vor der Trennung von den Kindern, zweitens die Angst vor der Trennung von der Frau. Diese Ängste sind real. Denn inzwischen landet jede dritte Ehe vor dem Scheidungsrichter, meistens auf Betreiben der Frau. Und das Sorgerecht erhält zumeist die Mutter. Für viele Frauen ist die Trennung der letzte Ausweg aus jahrelangem Leiden an der krankhaften Starre des männlichen Verhaltens, an den Gefühlspanzerungen und der Kommunikationsunfähigkeit der »Partner«. »Früher gaben die Frauen ihre Hoffnungen auf – heute halten sie an den Hoffnungen fest und geben die Ehe auf.« (Elisabeth Beck-Gernsheim)

Sich aus einer unbefriedigenden Beziehung zu verabschieden fällt Frauen leichter, wenn sie durch einen eigenen Beruf materiell abgesichert sind. Die Mehrheit der Frauen verdient aber zu wenig, um ein eigenständiges Leben führen zu können. Entweder weil sie sich in sogenannte Frauenberufe mit geringem Verdienst und ohne Aufstiegschancen haben drängen lassen, oder weil sie zugunsten der Bequemlichkeit ihrer Männer beruflich zurücksteckten, die Erwerbsarbeit unterbrachen, auf Teilzeitstellen wechselten. Der Kampf der Frauen um Gleichberechtigung im Beruf ist auch eine Kampfansage an die »Ernährer«-Herrlichkeit des Mannes. Das wissen die Männer – oder ahnen es zumindest. Anders ist ihr vehementer Widerstand gegen ernsthafte Frauenförderung, zum Beispiel gegen Frauenquoten im Öffentlichen Dienst, nicht zu verstehen. Männer unterliegen schließlich täglich anderen Männern im Konkurrenzkampf um Posten, Geld, Prestige. Aber wenn Frauen in interessante und anregende Berufe streben, wenn sie wegen ihrer Tätigkeit anerkannt werden und wirklich Geld verdienen, dann müssen Männer diese angenehmeren Berufe nicht nur mit ihnen teilen. Sie müssen vor allem damit rechnen, daß es mit dem Paschaleben im heimischen Familiennest über kurz oder lang vorbei ist. Denn welche Frau mit befriedigendem Beruf, eigenem Geld und annehmbaren Rentenaussichten wäre noch bereit, frag- und klaglos zu Hause die zweite Schicht zu fahren?

Kleine Ökonomie der Hausarbeit

»Haushalt, DU: bietest Haushaltskenntnisse, bist in der
Lage, ab und an abends etwas zu kochen; löst alle Fragen
von Haushalt besorgen bis Reparaturen machen oder
veranlassen, Auto reparieren lassen, einkaufen etc.;
kennst keine i-gitt-Arbeiten; suchst total seriösen
Dauerjob mit flexibler Arbeitszeit zur Mitfinanzierung
Deines Studiums und Autos; arbeitest leistungsorien-
tiert; wohnst Köln-Zentrum, -Mitte oder -Süd. ICH:
biete gepflegten 1-Personen-Etagen-Haushalt in Köln-
Mitte; bin unterhaltsamer Workaholic; zahle monatliches
Festhonorar am Ende des 3-stelligen-DM-Bereichs; will
mit Aufnahme Deiner Tätigkeit alles in und um den
Haushalt vergessen können und trotzdem alles tiptop
vorfinden. Chiffre: Full service.«
Schwule Kontaktanzeige
›Stadt-Revue‹ Köln, Nr. 11, 1993

Die eigenen vier Wände, die Wohnung, die Familie sind
Orte des Rückzugs, des Privaten, der Geborgenheit, des
mehr oder weniger liebevollen Austausches der Menschen
untereinander. In unseren privaten Höhlen schützen wir
uns vor den Unbilden der Außenwelt, erholen uns von
und machen uns fit für die Härten des Erwerbslebens. So
erleben es die meisten Menschen, gleich ob sie nun in
Familien, »unvollständigen Familien«, in nichtehelichen
Gemeinschaften, in Wochenendehen oder als Singles
leben.

Die Wohnung gilt als Ort der Freiheit im Vergleich zu
den Zwängen des Erwerbslebens. Und sie gilt als Ort, an
dem sich Liebe entfalten kann – im Gegensatz zu den
rationalen, kalten Sach- und Warenbeziehungen der
öffentlichen Welt »da draußen«. Glücklich also die Hausfrau, die erst gar nicht in die kalte, herzlose Außenwelt
hinaus muß?

Die Wohnung als Ort des privaten Glücks ist bestenfalls die halbe Wahrheit. Von Familienzerrüttung, Konflikten und Gewalt in dieser heilen Welt des Privaten einmal abgesehen, ist die Wohnung immer auch ein Arbeitsplatz, nicht weniger bedeutsam als die Arbeitsplätze an Kassen, Schreibtischen und Werkbänken. Im Haushalt einer vierköpfigen Familie sind 216 Qualifikationen notwendig, haben Wissenschaftler festgestellt. Schwere körperliche Arbeit ist zu leisten. In einem Jahr sind sieben Tonnen Geschirr zu bewegen, 30 000 Quadratmeter Fußboden zu reinigen, 1 825 Töpfe, 5 078 Teller, 14 324 Bestecke zu spülen.

In den Wohnungen, dem scheinbar persönlichsten Bereich, wird gesellschaftliche Arbeit geleistet. Hier werden die Voraussetzungen geschaffen, daß die Menschen in Büros, Fabriken, in Flugzeugkanzeln und auf Kränen, in Klassenzimmern und Arztpraxen ihre Arbeitskraft verausgaben können.

Der Haushalt ist ein Ort der Produktion. Allerdings werden hier nicht Waren, sondern Menschen hergestellt, beziehungsweise durch Befriedigung ihrer leiblichen Bedürfnisse wiederhergestellt. Kinder werden aufgezogen und fürs Leben ausgerüstet. Erwachsene, insbesondere Männer, werden nach des Tages Müh' und Last, durch Essen, saubere Wäsche, menschliche Zuwendung fit gemacht.

Aber der private Bereich ist nicht nur ein Ort der Produktion (von Menschen), sondern auch der Konsumtion (von Gütern und Dienstleistungen). Die im »öffentlichen« Bereich erstellten Waren und Dienstleistungen werden durch Entscheidungen, die in den Haushalten fallen, an den Mann beziehungsweise an die Frau gebracht. Der Wirtschaftskreislauf, der Markt der Güter und Dienstleistungen, ist ohne die privaten Haushalte gar nicht denkbar.

Was also in der scheinbar privaten Sphäre vor sich geht, ist gesellschaftliche Arbeit.

Dennoch unterscheidet sich die Arbeit im Haushalt grundlegend von der Arbeit im Büro oder in der Fabrik, selbst von der Arbeit im Klassenzimmer oder auf dem Sozialamt. Nicht nur, weil sie sich mehr oder weniger unmittelbar auf Menschen bezieht, was ja auch auf die Arbeit in der Arztpraxis oder im Friseursalon zutrifft. Sondern weil hier Arbeit und Liebe aufs engste miteinander verknüpft sind, weil die Arbeit am Menschen in Familie und Haushalt zugleich Ausdruck von persönlicher, intimer Beziehung ist.

Die saubere Wohnung ist nicht nur aus hygienischen Gründen wichtig. Sie ist wichtig, damit sich die Menschen, die dort ihren Feierabend verbringen, geborgen fühlen. Eine warme Mahlzeit in der eigenen Wohnung hat nicht nur den Sinn, den Hunger zu stillen – da täte es notfalls auch der Gang zur Frittenbude. Eine in der privaten Küche zubereitete Mahlzeit ist auch Ausdruck der Wertschätzung des Menschen, der sie vorgesetzt bekommt. Liebe geht bekanntlich durch den Magen. Die Frau, die ihrem Mann oder ihren Kindern etwas Leckeres kocht, signalisiert, daß sie es *ihnen zuliebe* tut. Die Wissenschaft von der »neuen Haushaltsökonomik« drückt das so aus: »Auf einem abstrakten Niveau kann Liebe genauso wie andere emotionale Bindungen als spezielles Haushaltsendprodukt betrachtet werden.«

Das trifft auch auf den Single-Mann oder die Single-Frau zu, der oder der sich abends eine leckere Mahlzeit kocht, um sich nach des Tages Müh' und Last selber etwas Gutes zu tun.

Weil die Hausarbeit eigentlich Beziehungsarbeit ist, weist sie weitere Merkmale auf, die sie von der Erwerbsarbeit, auch von den menschenbezogenen Dienstleistungen, unterscheiden. Hausarbeit ist zeitlich nicht strukturiert, hat keine Anfangs- und Endzeiten. Hausarbeiterinnen sind, da sie sich in der Wohnung aufhalten, ständig einsatzbereit und damit auch verfügbar. Würde man ihre Leistungen beispielsweise wie die eines Pförtners bewerten, kämen 24 Stunden Bereitschaftsdienst am Tag heraus. Das heißt aber nicht, daß Hausarbeit unabhängig von zeitlichen Rahmenbedingungen ist. Man kann nicht sonntagsnachmittags einkaufen gehen, sondern muß sich an die gesetzlichen Ladenöffnungszeiten halten. Weitere zeitliche Rahmen sind der Hausarbeiterin durch Schulstundenpläne, Kindergartenöffnungszeiten und Erwerbszeiten des Mannes vorgegeben. Entgegen populären Annahmen ist die Hausarbeiterin nur in sehr beschränkter Weise Herrin der Zeit, nur unvollkommen kann sie ihre Arbeit flexibel nach eigenem Gusto gestalten.

Ohne Streß und Hektik sei die Hausarbeit, die Hausfrau habe viel »Luft« zwischen einzelnen Tätigkeiten. Auch das ist ein populärer Mythos. Die »Freiräume« zwischen einzelnen, konkret angebbaren Arbeiten sind begrenzt. Sie können *jederzeit* durch plötzlich auftretende Bedürfnisse von Kindern oder Pflegebedürftigen unterbrochen werden.

Ein anderes beliebtes Märchen ist die Vorstellung, Hausarbeit im engeren Sinn, materielle Arbeiten wie Essenszubereitung, Waschen, Bügeln, Putzen seien »rückständig«; es handle sich im Grunde um Restbestände aus vorindustriellen Zeiten. Zwar erwartet heute niemand mehr, wie einst der Arbeiterführer August Bebel, die häuslichen Küchen würden nach und nach abgeschafft und durch »Zentralnahrungsbereitungsanstalten« ersetzt. Aber angesichts des ganzen Arsenals an modernen Haushaltsgeräten, an Mikrowellen, Staubsaugern, Wasch- und Spülmaschinen, Tiefkühltruhen und Mixern verstehen vor allem Männer nicht, warum »das bißchen Haushalt« noch soviel Zeit in Anspruch nimmt. Nun, es ist genau wie in der Erwerbsarbeit: Maschinen erleichtern zwar die Arbeit, aber sie ersetzen sie nicht. Oft schaffen sie sogar mehr Arbeit. Jedenfalls trifft das auf die modernen Haushaltsgeräte zu. Sind sie erst angeschafft, werden sie auch benutzt. War es früher üblich, ein- oder zweimal in der Woche Hemd und Unterhose zu wechseln, so geschieht das heute täglich. Entsprechend oft wird die Waschmaschine gefüllt und entleert. Geräte müssen auch gewartet und gereinigt werden. Was im Fall der Waschmaschine wenig, im Fall der elektrischen Saftpresse aber eine Menge Arbeit macht.

Nach einer Schätzung des Bundesforschungsministeriums hat der Maschinenpark in den Privathaushalten der westlichen Bundesländer einen Wert von 400 Milliarden Mark – immerhin halb soviel Technik wie in der Industrie. Aber weder Mikrowellenherd noch Tiefkühltruhe, elektronisch regulierter Staubsauger, Wäschetrockner oder Geschirrspül»automat« haben die Hausarbeiterinnen und die wenigen Hausarbeiter von der Fron befreit. Eine US-amerikanische Untersuchung kam sogar zu dem Ergebnis, daß die Hausfrauen der siebziger Jahre mehr Zeit aufwandten als ihre Großmütter um 1920. In der Küche von damals, in der allenfalls eine Glühbirne vom Anbruch des elektrischen Zeitalters kündete, verbrachte die Hausfrau mit Kochen und Geschirrspülen rund 25 Stunden in der Woche. Dazu kamen weitere 27 Stunden für die übrige Hausarbeit, einschließlich Kinderbetreuung. Die Groß- und Urgroßmütter der heutigen Hausfrauen hatten damit durchschnittlich eine 52-Stunden-Woche. Auf 55 Wochenstunden brachten es die Enkelinnen ein halbes Jahrhundert später. Die Hausfrau der siebziger Jahre kochte zwar fixer und brauchte weniger Zeit zum Spülen, dafür verbrachte sie volle acht Stunden wöchentlich beim Einkaufen und in Supermärkten. Sie wandte mehr Zeit als ihre Großmutter auf, um sich um persönliche Probleme der Familienmitglieder zu kümmern, einschließlich der Überwachung von Schularbeiten. Und brauchte zwölf Wochenstunden für die Reinigung der Wohnung. Auch heute, 20 Jahre später und trotz eines elektronisch aufgerüsteten Maschinenparks, hat sich daran nichts geändert.

Mit der Zahl der Haushaltsgeräte sind auch die Ansprüche gestiegen. Oder umgekehrt. Schöner essen, schöner wohnen, gesünder leben sind die Forderungen, die uns begleiten und die die Hausfrau umzusetzen hat. Das Fertigmenü in der Mikrowelle ist bereits out. Frischkost und Vollwert sind angesagt. Im Fernsehen und im AOK-Blättchen werden neue, gesunde und leckere Rezepte angepriesen. Nur leider machen sie sehr viel Arbeit. Der Salat muß gewaschen werden, die Möhren geraspelt, das Gemüse geputzt. Das vitaminreiche Obst kommt in den Entsafter. Die Getreidemühle verhilft uns zum Frischkornmüsli und zum selbstgebackenen Brot. Leider bedarf sie zur Reinigung noch der Menschenhand. Aber was tut die Hausfrau nicht alles um der Leberwerte, des EKGs und des Cholesterinspiegels willen. Hausarbeit dehnt sich wie Gummi. Sie ist nie fertig. Oder vielleicht sind Frauen zu blöd, um rationell zu arbeiten. Denken viele Männer. Aber sie wären die ersten, die sich beklagten, wenn zu Hause »Dienst nach Vorschrift« gemacht würde.

Auch die Mutter als »Hilfslehrerin der Nation« war vor siebzig Jahren noch weitgehend unbekannt. Ob aus dem Sohn, der Tochter was wird, überläßt man heutzutage nicht allein der Schule. Hausaufgabenüberwachung ist das mindeste, was von Müttern nachmittags erwartet wird. Als Pädagogen und Schulverwaltungen die Nation mit der Einführung der Mengenlehre schockten, gab es nicht wenige Mütter, die Mengen, Untermengen, leere Mengen und unendliche Mengen unterscheiden lernten, um dieses Wissen dann nach Schulschluß dem Nachwuchs zu vermitteln. Üblich ist, daß Mütter nachmittags die älteren Kinder zu ihren Freizeit-, Sport- oder Nachhilfeterminen fahren.

Ebenso wie die Erwerbsarbeit eine Organisation, ein Management braucht, so bedarf auch der Haushalt eines Konsum-Managements. Größere Anschaffungen, Urlaubsreisen, Erziehungsprobleme, Geld- und Kreditangelegenheiten sind komplexe Angelegenheiten. Informationen müssen beschafft, Vergleiche angestellt, Verträge ausgehandelt werden. Auch eine ökologische Lebensführung, zu der sich immer mehr Haushalte bekennen, erfordert Zeit und Organisationstalent. Wer, um die Gewässer nicht unnötig zu belasten, mit Waschmitteln sparsam umgehen will, muß zunächst den Härtegrad des Leitungswassers in Erfahrung bringen. Die Fahrpläne der öffentlichen Verkehrsmittel herauszufinden erfordert mehr Aufwand, als sich zum Sonntagsausflug einfach ins Auto zu setzen. Müll zu sortieren und in die entsprechenden Behälter zu stecken, macht mehr Arbeit, als den Unrat unsortiert in den Abfall-Container zu kippen.

Familienarbeiterinnen und -arbeiter leisten durchschnittlich acht Stunden Haus-, Organisations- und Betreuungsarbeit am Tag. Das entspricht der Arbeitsleistung von Vollzeiterwerbstätigen an Wochentagen. Es kommt allerdings noch die Hausarbeit an Samstagen und Sonntagen hinzu. Ferner die Hausarbeit während der Ferien. Anders als die Erwerbsarbeit ist die Hausarbeit mit dem 65. oder 68. Lebensjahr keineswegs abgeschlossen. Auch Rentnerinnen und Rentner wollen saubere Wohnungen und warme Mahlzeiten. Und die Kinder der Rentnerinnen sehen es bekanntlich nicht ungern, wenn sie zwei- oder dreimal in der Woche ihre Söhne oder Töchter bei der Oma abliefern dürfen. Wieviel Zeit für Hausarbeit wirklich draufgeht, ist letztlich schlecht zu erfassen, weil viele Tätigkeiten parallel laufen. So können zum Beispiel Mütter ein Kleinkind beaufsichtigen und gleichzeitig bügeln. Männer können zwar nicht bügeln. Aber sie können am Computer spielen und gleichzeitig ein Kleinkind fernsehen lassen. Fragt sich, ob das unter Kinderbetreuung, Hausarbeit oder Freizeitgestaltung fällt.

In jedem Fall kommt ein hübsches Sümmchen Arbeitsleistung zusammen. Auf die alte Bundesrepublik bezogen: Zwischen 50 und 53 Milliarden Hausarbeitsstunden im Jahr. Weit mehr also als in Erwerbsarbeitsstunden jährlich anfallen.

Auf 46,2 Milliarden Jahresstunden 1993 schätzte das Nürnberger Institut für Arbeitsmarkt- und Berufsforschung das Erwerbsarbeitsvolumen in den westlichen Bundesländern. Die Zahl der tatsächlich geleisteten Erwerbsarbeitsstunden dürfte durch Arbeitslosigkeit, Vorruhestandsregelungen und Arbeitszeitverkürzung weiter absinken.

Aus Zeitbudgetstudien geht hervor, daß das Zahlenverhältnis zwischen Erwerbsarbeitsumfang und Hausarbeitsstunden in der ehemaligen DDR ähnlich war. Der wöchentliche Zeitaufwand für die Hausarbeit entsprach den Erwerbsarbeitsstunden einer »Vollbeschäftigteneinheit« (DDR-Jargon) in Büro oder Fabrik.

Diese ungeheure Menge »privater« Arbeit wird ganz überwiegend von nur einer Hälfte der Bevölkerung geleistet. Zieht man die Bilanz aus den zahlreichen empirischen Untersuchungen zu dem Thema, dürfte der Beitrag der Männer bestenfalls 20 Prozent des Hausarbeitsvolumens betragen. Und das ist sehr männerfreundlich gerechnet. Zählt man jetzt noch hinzu, daß Frauen über ein Drittel aller in Deutschland anfallenden Erwerbsarbeit leisten – in den östlichen Bundesländern ist ihr Beitrag höher –, so läßt sich sagen: Frauen stellen die Hälfte der Bevölkerung, leisten aber zwei Drittel der gesellschaftlichen Arbeit.

Die »Zeitbudgeterhebung 1991/92« des Wiesbadener Statistischen Bundesamtes kommt dagegen zu ganz anderen Ergebnissen. Im Bevölkerungsdurchschnitt sind beide Geschlechter mit Erwerbs- und Familienarbeit gleich belastet, nämlich durchschnittlich sieben Stunden täglich die Frauen, sechs Stunden und 59 Minuten die Männer. Männer also doch nicht das faule Geschlecht? Oder nur eine Minute täglich faul? Dieses Ergebnis widerspricht jedenfalls allen bisherigen Untersuchungen in Deutschland und auch internationalen Studien zum Thema.

Die ForscherInnen des Statistischen Bundesamtes haben sich wohl ein bißchen im Datendschungel vergaloppiert. Aus anderen Studien wissen wir, daß Männer ihren Anteil an der Haus- und Familienarbeit gern überschätzen. Hochrechnungen aus von Männern geführten Zeit-Tagebüchern – ohne Gegenkontrolle – sind daher mit Vorsicht zu genießen. Noch weniger einsichtig ist, wieso die gesamte »ehrenamtliche Arbeit« von Männern zur Haus- und Familienarbeit von Frauen hinzuaddiert wurde. Obwohl die Männerpöstchen im Schützenverein, in Parteien, Gewerkschaften oder bei der Industrie- und Handelskammer entweder pure Freizeitbeschäftigungen sind oder dem Knüpfen beruflich nutzbarer Netzwerke dienen. Auf keinen Fall sind sie vergleichbar mit der ehrenamtlichen Tätigkeit von Frauen in Krankenhäusern, Gefängnissen oder in der Nachbarschaftshilfe. Junge Männer, die bei der Freiwilligen Feuerwehr, bei den Maltesern oder dem Technischen Hilfswerk mitarbeiten, werden nicht zur Bundeswehr eingezogen. Häufig werden sie während Übungen von ihren Arbeitgebern freigestellt.

So kommt denn auch das Statistische Bundesamt zu

einem enorm hohen Gesamtumfang der unentgeltlichen Arbeit in Familie und Ehrenamt: Demnach entfallen allein auf die westlichen Bundesländer jährlich 77 Milliarden Stunden unentgeltlicher Arbeit.

Trotz der großzügigen Berücksichtigung von Männerfreizeit leisten Frauen auch nach der Zeitbudgetstudie doppelt soviel unbezahlte Arbeit wie Männer, nämlich fünf Stunden (Männer: zwei Stunden 45 Minuten) täglich. Dabei ist die Hausarbeit, die Frauen im Urlaub machen, nicht einmal berücksichtigt: Das Kochen auf dem Campingplatz, die kleine Urlaubswäsche, das Putzen der Ferienwohnung wurden nicht erfaßt. Auch nicht die Angewohnheit von Frauen, mehrere Hausarbeiten gleichzeitig zu erledigen – etwa Kochen und Kinderbeaufsichtigen.

Während die Männer beim Posten unentgeltliche Arbeit großzügig bedacht wurden, haben die ForscherInnen aus Wiesbaden den Anteil der Frauen an der Erwerbsarbeit zu niedrig eingestuft. 47,64 Milliarden Arbeitsstunden wurden 1992 in der Bundesrepublik (West) geleistet; davon wurden 29,68 Milliarden von Männern (62,3 Prozent), 17,96 Milliarden (37,7 Prozent) von Frauen erbracht. Rechnet man den Männeranteil an der Erwerbsarbeit ihrem großzügig veranschlagten Anteil an der unentgeltlichen Arbeit (27,56 Milliarden Stunden bzw. 35,8 Prozent) hinzu, erhält man ein gesamtes männliches Jahresarbeitsvolumen von 57,24 Milliarden Stunden. Das sind aber nur knapp 46 Prozent der 1992 in den westlichen Bundesländern insgesamt geleisteten Arbeit (124,6 Milliarden Stunden). Man sieht: Auch wenn man die zugunsten von Männern großzügig berechnete unentgeltliche Arbeit zum Ausgangspunkt nimmt, besteht immer noch ein Übergewicht weiblicher Arbeit. Es bleibt sogar dann bestehen, wenn man den geringeren Anteil der Männer an der Bevölkerung berücksichtigt (48,3 Prozent 1991).

Kein Wirtschaftsprofessor läßt in der Vorlesung für Erstsemester folgendes Rechenexempel aus: Ein Junggeselle heiratet seine Haushälterin – und schon geht das Bruttosozialprodukt zurück. Denn was die Frau vor der Hochzeit an Putzen, Kochen und Wäschepflege gegen Entgelt verrichtete, das macht sie nach der Hochzeit gratis. Das Gehalt, das sie vor der Hochzeit erhielt, ging in die volkswirtschaftliche Gesamtrechnung und damit in das Bruttosozialprodukt ein. Nach der Hochzeit schafft sie die gleichen Werte, aber die Wirtschaftsstatistiker interessieren sich nicht mehr dafür.

»Es ist keine Arbeit so billig wie die, die aus Liebe getan wird« erkannte der Ökonom und Sozialpolitiker Gustav Schmoller bereits um die Jahrhundertwende. Die Zeitbudgeterhebung 1991/92 sollte nicht nur genauen Aufschluß über den Umfang von Hausarbeit geben. Das Statistische Bundesamt hat in einem zweiten Schritt die Ergebnisse in Mark und Pfennig umgerechnet. Demnach war die 1992 allein in den westlichen Bundesländern geleistete Haus-, Familien- und soziale Ehrenarbeit 897 Milliarden Mark wert! Das ist rund drei Viertel aller 1992 in den westlichen Bundesländern verdienten Bruttolöhne und -gehälter. Die Summe wäre erheblich größer, wenn nicht ein sehr bescheidener Nettolohn von 11 Mark pro Stunde angesetzt worden wäre. Viele der in die Haus-, Familien- und Pflegearbeit einfließenden Qualifikationen sind auf dem Arbeitsmarkt aber erheblich teurer: Chauffeure, Kindergärtner, Buchhalterinnen, Köche und Krankenschwestern verdienen meist mehr als 11 Mark netto die Stunde. Von Butlern gar nicht zu reden, die je nach Tätigkeiten und Referenzen zwischen 4500 und 10 000 Mark brutto im Monat wert sind.

Eine frühere Schätzung des Marburger Volkswirts Hans-Günter Krüsselberg kam denn auch zu einem höheren Ergebnis. Demnach soll die 1982 in bundesdeutschen Haushalten geleistete Wertschöpfung mehr als eine Billion Mark betragen haben. Exakt zitiert lautet die Krüsselbergsche Zahl: 1 089 071 572 800 DM. Bezogen auf die Produktion von Gütern und Dienstleistungen des gleichen Jahres bedeutete das Ergebnis: Die Wertschöpfung der privaten Haushalte erreichte einen Wert von 68 Prozent des Bruttosozialprodukts der Bundesrepublik.

Die Weltfrauenkonferenz der UNO hatte bereits 1985 gefordert, Hausarbeit, unentgeltliche Versorgungsleistungen und die Arbeit von Frauen in der Landwirtschaft bei der Berechnung der Bruttosozialprodukte der Länder zu berücksichtigen. Nach einem Bericht im Rahmen des UNO-Entwicklungsprogramms würde das jeweilige Nationaleinkommen weltweit um 20 bis 30 Prozent höher ausfallen, wenn so verfahren würde.

Der jetzt für Deutschland ermittelte Wert soll jedoch nicht in die jährliche Berechnung des Bruttosozialprodukts einfließen, sondern lediglich als »Satellitensystem Haushaltsproduktion« separat in der Volkswirtschaftlichen Gesamtrechnung ausgewiesen werden. Das BSP soll den auf dem Markt erwirtschafteten Gütern und Dienstleistungen vorbehalten bleiben (wegen der internationalen Vergleichbarkeit, sagen die Statistiker). Immerhin wird damit die Haus- und Familienarbeit endlich auch in offiziellen Statistiken sichtbar gemacht.

Was bisher nur als Rechenspiele für VolkswirtInnen interessant erscheint, bekommt bisweilen in Gerichtssälen Bezug zur Alltagswirklichkeit.

Die Mutter zweier Töchter, Ehefrau eines Ingenieurs, war 37, als sie bei einem Verkehrsunfall ums Leben kam. Die 14 und 15 Jahre alten Töchter verloren ihre Mutter, der Mann seine Frau. Und alle zusammen eine fleißige Arbeitskraft. Das merkte der Witwer schnell, als er versuchte, eine Haushaltshilfe einzustellen. Von seinem Gehalt von 3000 Mark brutto war sie nicht zu bezahlen. Selbst für die stundenweise Betreuung durch eine Haushälterin waren bereits 1290 Mark monatlich fällig. Die Versicherung des Unfallverursachers wollte aber nur 300 Mark monatlich an Schadensersatz zahlen. Das war in den siebziger Jahren. Der Bauingenieur ging vor Gericht, und 1979 fällte der Bundesgerichtshof in dieser Sache ein Grundsatzurteil. Ein durchschnittlicher Vierpersonenhaushalt erfordere einen Arbeitsaufwand von 48 bis 49 Wochenstunden, befanden die obersten Richter in Straf- und Zivilsachen. Diese Arbeitszeit müsse mit dem Stundenlohn einer geprüften Wirtschafterin multipliziert werden. Im fraglichen Fall kamen die Karlsruher Richter in ihrem Urteil vom 10.4.1979 auf einen »Ersatzbedarf« von 1530 Mark monatlich, abzüglich einer »Vorteilsausgleichung« von 100 Mark (weil der Witwer die Haushaltshilfe, anders als die Ehefrau, nicht mit Kost und Logis versorgen mußte).

Der Arbeitswissenschaftler Kurt Landau von der Universität Stuttgart-Hohenheim schätzte 1988 den Wert der Hausfrauenarbeit auf 2200 bis etwa 3200 Mark brutto monatlich, abhängig von der Zahl der Kinder und dem wöchentlichen Arbeitsaufwand. Landaus Zahlen beruhen auf dem Gehalt einer ausgebildeten Familienpflegerin nach dem Bundesangestelltentarif. Zu noch höheren Ergebnissen kommt man, wenn man die einzelnen im Haushalt anfallenden Tätigkeiten getrennt berechnet und die darauf entfallenden Stundenanteile mit dem jeweiligen Stundenlohn einer im Öffentlichen Dienst beschäftigten Fachkraft multipliziert. Bei dieser Berechnung setzt sich der Wert der Hausarbeit aus Gehaltsanteilen einer Köchin, einer Lehrerin, einer Kinderpflegerin, einer Reinigungskraft, einer Chauffeurin zusammen. Auf dieser Grundlage

errechnete die Zeitschrift ›Für Sie‹ einen »Hausfrauen-
lohn« von 4200 Mark im Monat (für eine nichterwerbstätige Frau mit Kindern und durchschnittlich 70 Wochenstunden Arbeitsleistung). Eine Frau mit Halbtagsjob käme
bei zusätzlich 59 Wochenstunden Familienarbeit (die
Hausarbeit am Wochenende mitgerechnet) auf 3540 Mark
monatlich. Selbst die Hausarbeit einer voll berufstätigen
Frau abends und an Wochenenden summiert sich nach dieser Berechnung auf einen stolzen Monatsnebenverdienst
von 2924 Mark. Für eine Hausfrau, die zugleich Mutter
eines Säuglings ist, ermittelte »Für Sie« sogar 5400 Mark
Monatslohn – ohne Nachtzuschläge, die ja eigentlich auch
noch fällig wären.

Das Ungleichgewicht zwischen dem, was Männer
machen, und der Arbeit, die Frauen aufgebürdet wird, ist
in den letzten Jahren noch gewachsen. Die Erwerbsbeteiligung von Frauen hat in der (alten) Bundesrepublik ständig zugenommen, die der Männer ist zurückgegangen.
Arbeitslosigkeit, Vorruhestandsregelungen, aber auch die
zunehmende Frühverrentung wegen Erwerbsunfähigkeit
bewirken, daß immer weniger Männer bis zum 65. oder 68.
Lebensjahr durcharbeiten. Weil die Ausbildungszeiten länger geworden sind, treten junge Erwachsene erst später ins
Berufsleben ein. Auf der anderen Seite steigt die Zahl der
Frauen, die nach der »Familienphase« ins Erwerbsleben
zurückkehren. Die »Familienphase« ist heute kürzer, die
Rückkehrerinnen sind jünger als noch vor zwanzig Jahren.

Dennoch ist die Zahl der von Frauen in den westlichen
Bundesländern geleisteten Erwerbsarbeitsstunden relativ
konstant geblieben. Es sind zwar mehr Frauen als früher
erwerbstätig, aber viele von ihnen nur in Teilzeit. Gleichzeitig gehen die Arbeitszeiten der erwerbstätigen Männer
zurück. Nicht nur durch erzwungene Kurzarbeit und
Arbeitslosigkeit, sondern auch infolge der Arbeitszeitver-

kürzungen, die die Gewerkschaften erkämpft haben. Auch die überdurchschnittliche Arbeitslosigkeit der Frauen in den ostdeutschen Bundesländern ändert nichts an dem Trend: die zeitliche Belastung der Männer durch Erwerbsarbeit sinkt, die der Frauen bleibt konstant. Die Einführung der Viertagewoche in der konjunkturgebeutelten männerdominierten Automobilindustrie wird diese Entwicklung noch forcieren. Mit der stufenweisen Anhebung der Regelaltersgrenze im Rentenrecht auf 65 (ab dem Jahr 2001) wird die Lebensarbeitszeit von Frauen ansteigen. Mit anderen Worten: Die Frauen, die ohnehin den Löwenanteil der gesellschaftlichen Arbeit machen, werden noch stärker belastet, Männer tun weniger denn je. Denn leider ist nicht festzustellen, daß sie ihre Entlastung in der Erwerbsarbeit dazu nutzen, zu Hause stärker anzupacken.

Geschieht ihnen schon recht, den Frauen, die sich im Beruf »verwirklichen« wollen, wenn der Gatte zu Hause die Beine hochlegt, könnte man sagen. Und viele Männer sagen das auch. Warum bleiben sie nicht daheim in der Küche, statt als »Doppelverdienerinnen« auf den ohnehin überschwemmten Arbeitsmarkt zu drängen? Kurt Biedenkopf, der aus dem Westen stammende Ministerpräsident Sachsens, hat die ostdeutschen Frauen, die sich nicht von ihren Arbeitsplätzen verdrängen lassen wollen, schon gewarnt: Die Erwerbsquote der Frauen im Osten (zu DDR-Zeiten ca. 90 Prozent der Frauen zwischen 25 und 60) werde auf Dauer der der Frauen im Westen angeglichen werden müssen, also etwa auf 60 Prozent absinken.

Die Empfehlungen an die Adresse der Frauen sind nicht ohne Hintergedanken. Vater Staat hat noch ein bißchen zusätzliche Arbeit für uns bereit, falls wir durch unsere Tätigkeiten in Büros, Küchen und Kinderzimmern nicht ausgelastet sein sollten. Die in der Finanzklemme steckenden Staatshaushalte und sonstigen »öffentlichen Hände«

versuchen sich auf Kosten der privaten Haushalte, das heißt der Frauen, möglichst diskret zu entlasten. Je leerer die öffentlichen Kassen, desto mehr werden »unproduktive« Aufgaben beschnitten und in den privaten Raum verlagert. Im Osten schließen Kindergärten, im Westen werden schulpsychologische Dienste eingestellt, trotz »Pflegenotstands« machen Krankenhausstationen dicht, Beratungsstellen, Frauenhäuser, Jugendzentren werden finanziell ausgetrocknet. Damit schwinden (Frauen-) Erwerbsarbeitsplätze im sozialen Bereich. Aber irgendwer muß ja die bisher öffentlich gegen Entgelt geleistete Betreuungsarbeit machen. Politiker wie der frühere Berliner Sozialsenator Ulf Fink plädieren unter dem Stichwort »Neue Subsidiarität« (»Hilfe zur Selbsthilfe«) für die Verlagerung von Aufgaben des Sozialstaates zurück in die Familien. Dabei haben sie, auch wenn sie es meist nicht aussprechen, die Frauen fest im Blick: Die vielzitierte »Eigenverantwortung«, die »haushaltliche Selbstversorgung«, die »Selbsthilfe statt Fremdhilfe«, der »Aufbau gemeindlicher Strukturen« – all das setzt nichterwerbstätige Frauen voraus, die zu selbstlosem Dienst am Nächsten bereit sind. Auch Ideologen der Linken propagieren die »schöpferische Eigenarbeit« und die »Selbstbestimmung« in der unmittelbaren Arbeit an Menschen.

Fast ausschließlich Männer sind die Urheber dieser Geistesblitze. Niemand von ihnen denkt daran, in Zukunft selber kranke oder alte Familienangehörige zu pflegen, auf Kinder aufzupassen oder Gefangene zu betreuen. Und auch ihre Geschlechtsgenossen rufen sie nicht dazu auf. Denn Männer sind als »Familienernährer« für unentgeltliche soziale Dienste tabu. Wenn die Verheißungen der Eigen- und Gemeinschaftsarbeit beschworen werden, sind immer die Frauen gemeint. Als ob die nicht genug »ehrenamtliche« kostenlose Sozialarbeit verrichteten.

126

Ohne die Arbeit von Frauen würden schon jetzt ganze Bereiche des Sozialsystems zusammenbrechen. Ob in der Altenhilfe, der Gefangenenbetreuung, in den Sozialdiensten der Kirchengemeinden, im Frauenhaus, im Krankenhausbesuchsdienst oder bei der Telefonseelsorge – überall stoßen wir auf Frauen ohne Gehalt und Rentenanspruch. Nach Berechnungen der Wohlfahrtsverbände sind in den alten Bundesländern fast 2 Millionen Menschen »ehrenamtlich« im sozialen Bereich tätig. Hinzu kommen noch schätzungsweise 500 000 Menschen, die außerhalb der Spitzenverbände der freien Wohlfahrtspflege ohne Bezahlung in diesem Bereich arbeiten. Und noch einmal eine halbe Million an Selbsthilfegruppen Beteiligte, deren Engagement das Sozialsystem direkt entlastet. Die volkswirtschaftliche Gesamtleistung der »ehrenamtlichen Mitarbeiter« wurde 1989 von der Bundesarbeitsgemeinschaft der Freien Wohlfahrtsverbände auf 5 Milliarden Mark geschätzt. An diesen ehrenamtlichen sozialen Dienstleistungen sind Männer nur zu 20 Prozent beteiligt, meist in Funktionen, die mehr mit Repräsentation zu tun haben als mit Arbeit. Vertreter von Wohlfahrtsverbänden gehen davon aus, daß auf der Ebene der unmittelbaren persönlichen Dienste an Hilfsbedürftigen ausschließlich Frauen tätig sind.

Natürlich darf die Geduld der Frauen bei der »Selbstverwirklichung in der Eigenarbeit und beim sozialen Engagement« nicht überstrapaziert werden. Von den zur Zeit 2,2 Millionen pflegebedürftigen alten Menschen werden 86 Prozent zu Hause versorgt, in drei Viertel der Fälle von Ehefrauen, Töchtern und Schwiegertöchtern. Dennoch haben Politiker bereits ein »schwindendes Töchterpflegepotential« ausgemacht. Diese Gefahr soll durch die seit 1995 bestehende Pflegeversicherung gebannt werden. Aber auch die mit 20 Milliarden Mark jährlich bezifferte

Pflegeversicherung wird die Frauen nicht wesentlich entlasten. Denn die vorgesehene Höchstsumme von 2 800 Mark im Monat für Schwerstpflegebedürftige (rund um die Uhr) dürfte für die professionelle Betreuung zu Hause kaum ausreichen. Also bleibt die Arbeit doch wieder an den Töchtern und Schwiegertöchtern hängen. An der ungerechten Verteilung der Arbeit zwischen Männern und Frauen ändert die Pflegeversicherung nichts.

Geld für Familienarbeit –

ein Männerförderprogramm

> »Die Wurzel unserer Schwäche liegt vor allem in der wirtschaftlichen Abhängigkeit vom Mann. Die Erpressung, die ständig über uns lastet, nämlich, verlassen zu werden und plötzlich von einem Tag zum andern ohne Geld dazustehen, hat unsere Kampfmöglichkeiten ständig blockiert – sei es in der Küche, wenn es um das Abwaschen ging, sei es im Bett, wenn es darum ging, unsere Bedürfnisse durchzusetzen. Die Forderung nach einem autonomen Einkommen, die wir an den Staat richten, trägt dazu bei, diese Abhängigkeit vom Mann zu zerbrechen.«
> *Komitee »Lohn für die Hausarbeit« der Region Venedig,*
> *Januar 1974*

Wenn Frauen soviel mehr arbeiten als Männer, ist der Gedanke naheliegend, daß sie dafür bezahlt werden sollten. Es ist rund zwanzig Jahre her, daß feministische Sozialistinnen in England und Italien die Kampagne »Lohn für Hausarbeit« ins Leben riefen. In der Bundesrepublik stieß die Parole in Teilen der Frauenbewegung auf begeisterte Zustimmung. Schien doch damit ein Hebel gefunden zu sein, um der aus Studentinnen und kleinen Gruppen berufstätiger Frauen bestehenden Bewegung eine Massenbasis zu verschaffen. Tatsächlich fühlten sich viele Hausfrauen und Mütter angesprochen. Gerade erst hatte die Soziologin Helge Pross ein »vages Unbehagen« der deutschen Hausfrauen konstatiert, da strömten diese schon scharenweise in die von Feministinnen in den Volkshochschulen angebotenen Veranstaltungen über »Lohn für Hausarbeit«. Endlich einmal wurde ihre an Mann und Kindern unentgeltlich verrichtete Arbeit ernstgenommen.

Dennoch entwickelte sich aus dem »Hausarbeitsansatz« nicht der Flächenbrand, den sich seine Verfechterinnen erhofft hatten.

Dafür gibt es viele Gründe. Für die feministischen Sozialistinnen, die die Kampagne ins Rollen brachten, sollte die »Lohn-für-Hausarbeit«-Forderung der Anfang vom Umsturz der patriarchalen Gesellschaft sein. Viele Hausfrauen in den VHS-Kursen wollten aber keineswegs die Gesellschaft umstürzen, sondern nur endlich für ihre »unsichtbare« Arbeit anerkannt werden. Die Forderung nach einer Entlohnung der Hausarbeit in der gegebenen Gesellschaft stößt jedoch sofort auf den Sachzwang der Finanzierbarkeit. Wer soll das bezahlen, wenn Hausarbeit mindestens soviel wert ist wie die Erwerbsarbeit? Und: wenn ansonsten in der Gesellschaft alles so bleibt, wie es ist, dann wird aus dem »Lohn für Hausarbeit« ein »Hausfrauengehalt«. Die Arbeitsteilung zwischen den Geschlechtern, Mann erwerbstätig, Frau zu Hause, würde eher noch gefestigt. So schlief die Kampagne wieder ein, nur eine kleine unermüdliche Gruppe in England ist auch heute noch aktiv.

Bleibendes Verdienst der Diskussion um »Lohn für Hausarbeit« ist, daß sie die bislang verborgene Hälfte der gesellschaftlichen Arbeit, die Haus- und Familienarbeit, in den Blickpunkt gerückt hat. Sogar die etablierten Parteien reagierten. Die sozialliberale Regierung führte 1978 einen »Mutterschaftsurlaub« ein: eine mit maximal 750 Mark monatlich dotierte viermonatige Freistellung im Anschluß an die Mutterschutzfristen.

Die CDU beschwor die »Mütterlichkeit«, und die CDU-Sozialausschüsse verabschiedeten Leitsätze zur »sanften Macht der Familie«. Etwas später entdeckte der SPD-Politiker und Kanzlerkandidat Oskar Lafontaine die gesellschaftliche Bedeutung der Hausarbeit. Familienarbeit und Ehrenamt müßten gesellschaftlich aufgewertet werden, der Arbeitsbegriff erweitert werden, um auch »Schatten-« und »Eigenarbeit« zu umfassen, forderte der sozialdemokratische Vordenker.

Mit einer eigenständigen materiellen Absicherung von Frauen hatte das alles nichts zu tun. Aus »Lohn für Hausarbeit« war »Lob für Hausarbeit« geworden. Zu Recht ließen sich die deutschen Frauen von diesen ebenso kosten- wie folgenlosen Streicheleinheiten nicht beeindrucken. Die Geburtenraten sanken weiter, die Scheidungszahlen stiegen. Auch Oskar Lafontaine wurde geschieden.

Dann kam die CDU mit dem »Erziehungsgeld«. Schon lange in Aussicht gestellt, war es 1986 soweit: 600 Mark monatlich gab es für zunächst zehn Monate nach der Geburt, unabhängig von Geschlecht oder Erwerbsstatus der »Betreuungsperson«. Allerdings ist die Zahlung des Erziehungsgeldes bei Erwerbstätigen an den Erziehungsurlaub geknüpft, sie dürfen zumindest nicht vollzeitig erwerbstätig sein. Eine Wiederbeschäftigungsgarantie soll den Müttern – denn de facto handelt es sich nur um Frauen – den Ausstieg aus der Erwerbsarbeit schmackhaft machen. So hoffte man mit einer Klappe mindestens drei Fliegen zu treffen: Die Politiker sonnten sich in dem Bewußtsein, ihre Lobeshymnen auf die Mutterschaft seien durch die Gewährung eines Taschengeldes glaubwürdig geworden; Familie und Beruf sollten »vereinbar« sein – natürlich nur für Frauen, für Männer hat sich diese Frage nie ernsthaft gestellt; schließlich hoffte man, die Erziehungsurlauberinnen würden den Arbeitsmarkt »entlasten«. Letzteres wurde natürlich nicht öffentlich ausgesprochen. Im Gegenteil. Durch den Erziehungsurlaub würden zusätzliche Arbeitsplätze geschaffen, versprach Bundesarbeitsminister Norbert Blüm 1985. Denn für die »Urlauberinnen« müßten ja Ersatzkräfte eingestellt werden.

Tatsächlich gelang es mit diesem Gesetz, einige Hunderttausend Frauen für ein Taschengeld aus ihrem beruflichen Umfeld zu lösen. Ohne daß andere Frauen im selben Ausmaß eine Beschäftigung gefunden hätten. Nur für rund die Hälfte der Erziehungsurlauberinnen werden Ersatzkräfte eingestellt. In den anderen Fällen müssen die KollegInnen die Arbeit miterledigen. Auch der wohl insgeheim einkalkulierte Effekt trat ein: Trotz Beschäftigungsgarantie kehren nur 47 Prozent der Mütter in die Betriebe zurück. Viele junge Frauen verschwinden auf Jahre in den Familien. Sei es, weil sie keine außerhäusliche Betreuung für das Kind finden. Sei es, weil sich die Arbeitsbedingungen im Betrieb verschlechtert haben. Das Geld für einen bedarfsgerechten Ausbau von Kindertageseinrichtungen spart man auf diese Weise obendrein, denn die Kids werden ja von den Müttern zu Hause versorgt. So soll es nach konservativer Familienideologie auch sein.

Nur eine Rechnung ging nicht auf: Die Geburtenzahl in Deutschland bleibt bescheiden. In den neuen Bundesländern sank sie sogar drastisch um die Hälfte.

Viele Frauen merken inzwischen, was für ein Kuckucksei ihnen mit dem Bundeserziehungsgeld ins Nest gelegt wurde. Letztlich ist es ein »Männerförderungsprogramm« (so die Soziologin Gunhild Gutschmidt). Arbeitgeber tun sich ohnehin schwer, wenn es darum geht, junge Frauen einzustellen. Der Verdacht, die junge Kollegin könne nach der Geburt eines Kindes für längere Zeit ausfallen, wird durch das Erziehungsgeld noch verstärkt. Auf aussichtsreiche Stellen mit Aufstiegschancen stellt das Unternehmen daher lieber gleich Männer ein, selbst wenn diese weniger qualifiziert sind. Die stetige Berufstätigkeit ist den Personalverantwortlichen offenbar wichtiger. Die Männer ihrerseits entwickeln einen besonderen beruflichen Ehrgeiz, sobald sich ihre Frauen in den Erziehungsurlaub verabschieden, müssen sie doch jetzt die Rolle des »Ernährers« ausfüllen. Denn selbst im Vergleich zu den mageren Frauenverdiensten stellen die 600 Mark Erziehungsgeld natürlich keine effektive Absicherung der Familie dar. Das

Erziehungsgeld verfestigt also die ohnehin bestehende Rollenverteilung zwischen den Geschlechtern. Die Massenarbeitslosigkeit verstärkt diesen Effekt zusätzlich. Denn die nach Jahren in der Familie als »Berufsrückkehrerin« Arbeit suchende ehemalige Erziehungsurlauberin kann bestenfalls hoffen, eine Beschäftigung unterhalb ihres Qualifikationsniveaus zu finden. Oder in einer »Maßnahme« des Arbeitsamts Unterschlupf zu finden, was auch immer mehr eingeschränkt wird. Diese Art des »Lohns für Hausarbeit« hat die Frauen also nicht unabhängiger, sondern abhängiger gemacht.

Die Frauen proben den Ausstieg –

Singles und nichteheliche Lebensgemeinschaften

> »Krallen, einengen – nein. Ein unterdrücktes Leben habe
> ich hinter mir. Viele Männer suchen doch nur eine Haus-
> frau, bei der sie sich einnisten können.«
> *Frau N., Jahrgang 1950, Sekretärin, war elf Jahre verhei-*
> *ratet, seit 1980 geschieden.*
> *(Aus: Sibylle Meyer, Eva Schulz, Balancen des Glücks)*

Die Zahl der Frauen, die einen Ausweg aus der ihnen zugemuteten Arbeitsbelastung suchen, wächst. Seit langem ist
ein stiller Gebärstreik im Gange. Jährlich sterben in
Deutschland etwa 75 000 mehr Menschen als geboren werden. Immer mehr Frauen weigern sich, persönliche
Dienstmagd für einen Mann zu spielen. Ein erster Schritt
dazu ist die Scheidung beziehungsweise der Verzicht auf
die Ehe. Mittlerweile wird jede dritte deutsche Ehe
geschieden, in Großstädten sogar jede zweite, die meisten
nach vier bis fünf Jahren Dauer. 60 Prozent aller Schei-
dungsbegehren gingen 1993 von Frauen aus. Nur eine
Minderheit Geschiedener heiratet erneut.

Nach Schätzungen des bayerischen Sozialministeriums
gibt es im westlichen Bundesgebiet rund 820 000 »wilde
Ehen« und etwa 200 000 Wohngemeinschaften (ordnungs-
gemäß getraute Ehen: rund 15 Millionen in den alten Bundesländern). Nichteheliche Lebensgemeinschaften bestehen meist aus jüngeren Männern und Frauen, die erwerbstätig sind und in Großstädten leben. Viele verfügen über
ein höheres Bildungsniveau, doch auch immer mehr Menschen mit Hauptschulabschluß wohnen unverheiratet
zusammen. Kinder gibt es in rund einem Drittel der nicht
vom Standesamt abgesegneten Partnerschaften. (Über 57
Prozent aller Ehepaare haben Kinder.)

Wenn Männer und Frauen unverheiratet zusammenleben, versprechen sie sich mehr Selbständigkeit und Unabhängigkeit als in der Ehe. Andererseits wollen sie auf die alltägliche Gemeinsamkeit mit der Partnerin bzw. dem Partner nicht verzichten. Wie Untersuchungen zeigen, werden die Erwartungen an die unkonventionelle Lebensform zum großen Teil erfüllt. Männer entlastet es, nicht den Familienernährer abgeben zu müssen (daß sie später, wenn Kinder da sind, doch in diese Rolle fallen, gehört zu den Widersprüchen des starken Geschlechts). Frauen fühlen sich weniger festgelegt und in ihrem Autonomiestreben weniger eingeengt als in der Ehe.

Die Beteiligung der Männer an der Hausarbeit ist in nichtehelichen Beziehungen deutlich höher als im ehelichen Alltag. Aber auch hier schaffen es die Männer, sich mit weniger als der ihnen zustehenden Hälfte der Arbeit zu begnügen. Wieder einmal zeigt sich: Alles was mit Textilien und Wasser zu tun hat, ist den Männern ein Graus – ob verheiratet oder nicht. Putzen, Waschen, Bügeln wird auch in »wilden Ehen« der Frau überlassen. Die gleichmäßigere Verteilung der Hausarbeit ist für befragte »nichteheliche« Frauen dennoch der entscheidende Vorteil dieser Lebensform. Sie müssen nicht ganz soviel Energie aufwenden wie Ehefrauen, um ihren Partnern mehr Beteiligung im Haushalt abzuhandeln. Durch ihre Berufstätigkeit sind die Frauen außerdem bei diesen »Arbeitsverhandlungen« in einer besseren Position, weil finanziell unabhängig. Einen Faulpelz kann frau leichter an die Luft setzen, wenn sie rechtlich und materiell autonom ist. Anders als der Ehemann hat der uneheliche Vater auch keine Möglichkeiten, die Frau über die Kinder unter Druck zu setzen. In Ehen ohne Trauschein steht das Sorgerecht ausschließlich der Mutter zu.

Die »neue Väterlichkeit« blüht vor allem in den »wil-

den« Ehen. Hier nehmen sich die Väter, und auch die Stief-
väter, mehr Zeit für Kinder, mit denen sie unter einem
Dach wohnen als der Durchschnitt der Väter. Männer in
nichtehelichen Partnerschaften betonen bei Befragungen,
daß Kinder ein wichtiger Teil ihres täglichen Lebens sind,
auf den sie nicht verzichten möchten.

Die Bedeutung der nichtehelichen Lebensgemeinschaften ist statistisch gesehen gering. Rasant hat sich dagegen
die Zahl der »Singles« entwickelt. In den westlichen Bundesländern ist der Anteil der Einpersonenhaushalte von
18,5 Prozent 1950 auf nunmehr ein Drittel aller Haushalte
gestiegen, in den Großstädten sogar auf rund die Hälfte.
Im Bundesdurchschnitt leben mehr Frauen in Einpersonenhaushalten als Männer (64,5 Prozent gegenüber 35,5
Prozent). Nicht alle Singles haben sich diese Lebensform
bewußt gesucht. In einem Drittel der 12 Millionen Einpersonenhaushalte wohnen »Überlebende« traditioneller
Ehen, zumeist also verwitwete Frauen über 65; deren Zahl
stagniert aber seit rund zwanzig Jahren. Auch junge Menschen unter 25, die im Übergang zwischen Elternhaus und
Beruf stehen, sind keine Singles im »klassischen« Sinn.
Letztere, die Menschen im traditionellen »Familienalter«
zwischen 25 und 65, stellen fast die Hälfte der Einpersonenhaushalte. Die Vorstellung, hierbei handle es sich um
vereinsamte, isolierte und bedauernswerte Individuen, ist
falsch. Die meisten Singles haben einen größeren Bekanntenkreis, intensivere Freundschaften und mehr geselliges
Leben als Verheiratete. Viele unterhalten feste Liebespart-
nerschaften nach dem Muster »living apart together«.

Vor allem Frauen sehen einen Vorteil darin, den männlichen Partner nur besuchsweise in die Wohnung zu lassen.
Da sie ihre Wohnung nicht mit einem Mann teilen, halten
sie sich eine Menge Arbeit vom Hals. Sie sind lediglich für
ihre eigene Wäsche, Verpflegung und Wohnungsreinigung

verantwortlich, ohne deshalb auf Liebesbeziehungen zu verzichten.

Genau das ist es aber, was den meisten »Single«-Männern an ihrem Dasein nicht gefällt. Die von den Sozialwissenschaftlerinnen Sibylle Meyer, Eva Schulze und Dorothea Krüger befragten alleinwohnenden Männer wünschten sich von ihren vorhandenen oder ersehnten Partnerinnen mehr »Unterstützung bei der Alltagsbewältigung«, sprich: die Verrichtung der klassischen persönlichen Dienste am Mann. Der erklärte Wille der meisten Single-Frauen, den männlichen Partner in seinen eigenen vier Wänden zu belassen, widerspricht der Sehnsucht der Männer, von ihrer Freundin oder überhaupt einer Frau, baldmöglichst wieder rund um die Uhr umsorgt zu werden.

Die überzeugten Single-Frauen haben aber gerade dazu keine Lust. Es sind oft beruflich qualifizierte, jüngere Frauen, die es vorziehen, allein zu leben. Viele konzentrieren ihre Energie in starkem Maß auf den Beruf. Oft haben sie in früheren Partnerschaften schlechte Erfahrungen gemacht. Das heißt, es ist ihnen das Übliche passiert: Ihre Männer waren nicht bereit, die Hausarbeit und die Lasten einer Paarbeziehung gleichberechtigt zu tragen. Inzwischen sind die Frauen anspruchsvoller geworden. Vom Partner erwarten sie, daß er ihr berufliches Engagement versteht und unterstützt. Ewige Auseinandersetzungen darüber zu führen, wer was im Haushalt macht, sind sie leid. Geschiedene und verwitwete Frauen, die sich neuen Partnern zuwenden, bestehen oft auf getrennter Lebensführung. Während Männer eher umsorgt werden möchten, suchen Frauen mehr nach einem Gesprächspartner, hat Werner Schnepf vom »Gesamtverband der Eheanbahnungen und Partnervermittlungen« festgestellt. Die Frauen lehnen es ab, noch einmal für jemand anderen zu putzen und zu kochen – einmal im Leben reicht.

In einer Partnerschaft soll auch das »Gefühlskonto« ausgeglichen sein. Single-Frauen lehnen es ab, in einer Beziehung die allein Gebende zu sein. Von ihren Partnern wünschen sie sich die gemeinsame Entwicklung als Paar, die Verantwortung auch der Männer für das Gelingen der Partnerschaft. Männer, die über Gefühle reden können und ihre Partnerinnen emotional auffangen, sind aber selten.

Auch die befragten männlichen Singles tun sich damit schwer. Wie ihre Geschlechtsgenossen in anderen Lebensverhältnissen verharren sie in ihrer passiven Rolle. Die aktive Gestaltung der Beziehung wird einseitig der Partnerin zugewiesen. Männer lassen arbeiten, und sie lassen bekanntlich auch lieben.

Auch die »alleinstehenden« Männer schätzen die Unabhängigkeit und Freiheit ihrer Lebensgestaltung und sind froh, keine finanziellen Verpflichtungen gegenüber einer Familie zu haben. Ebensowenig wie die Frauen sind sie isoliert, viele pflegen einen großen Freundes- und Bekanntenkreis. Dennoch sehen die meisten Männer, anders als die Frauen, das Alleinwohnen als eine Übergangsform an. Ihre Sehnsucht nach klassischer Hege und Pflege ist groß.

Dem Veränderungsdruck, der von jüngeren, beruflich qualifizierten Frauen ausgeht, setzen sie ihr altes, starres, auf Passivität im Alltag ausgerichtetes Rollenverständnis entgegen. Das ist nicht nur für Frauen, die sich andere Männer wünschen, unangenehm. Ihr Starrsinn schlägt – endlich – auch auf die Männer selbst zurück. Während Single-Frauen im allgemeinen mit ihrer Lebensform recht zufrieden sind, empfinden viele Männer das Leben im Einpersonenhaushalt als Schicksalsschlag. Ihre verheirateten Geschlechtsgenossen beneiden sie wegen ihrer Unabhängigkeit und dem Image des sexuell ungebundenen Swinging-Single. Aber nicht wenige würden lieber heute als morgen mit einer Frau unter ein gemeinsames Dach schlüpfen.

Einige schaffen es. Männer in mittlerem Lebensalter und mit höherem Einkommen leben selten allein. Denn auf Dauer schadet es nicht nur dem persönlichen Wohlergehen sondern auch der Karriere, wenn mann sich nicht zu Hause eine Frau fürs Grobe hält.

Noch einen zwingenden Grund gibt es für männliche Singles, sich alsbald wieder der Dienstbarkeit einer Frau zu versichern: Ohne Frau lebt es sich als Mann gefährlich. Nach einer Studie der Universität von Kalifornien (San Francisco) ist für alleinlebende Männer zwischen 45 und 68 die Gefahr, in den nächsten zehn Jahren zu sterben, doppelt so hoch wie für verheiratete Männer gleichen Alters. Die Wohnung unverheiratet mit einer Frau zu teilen, schmälert nach dieser Untersuchung das Risiko nur geringfügig. Nur der sichere Hafen der Ehe bewahrt den Mann vor dem Schlimmsten.

Die Autorin der kalifornischen Studie vermutet, daß alleinstehende Männer sich nicht richtig ernähren. Aber sie haben offenbar auch Psycho-Streß. Eine Auswertung von PatientInnendaten der psychosomatischen Ambulanz der Uniklinik Frankfurt am Main ergab, daß alleinstehende Männer häufiger unter psychosomatischen Störungen leiden als alleinstehende Frauen. Der Schweizer Psychiater und Psychotherapeut Jürg Willi hat festgestellt, daß Scheidung zu den wichtigsten psychosozialen Gesundheitsrisiken gehört. Vor allem geschiedene Männer zeigen eine deutlich höhere Anfälligkeit für Suchtkrankheiten wie Alkoholismus, sind überdurchschnittlich suizid- und unfallgefährdet. Bei den Verheirateten kehrt sich das Geschlechterverhältnis um: Weitaus mehr verheiratete Frauen als verheiratete Männer klagen über psychosomatische Störungen. Wer ständig sich in andere Menschen einfühlt, für andere sensibel ist und dabei die eigenen Bedürfnisse zurückstellt, wird auf Dauer depressiv.

Kein Wunder also, daß nach Umfrage-Ergebnissen mehr Männer als Frauen die Ehe »wichtig« finden.

Krippen, KiTas, Kindergärten –

die Rahmenbedingungen stimmen nicht

»›Die Mutter ist die Mutter. Ich finde das überhaupt
ziemlich schlimm, wie die Frauen heute über ihre Kinder
sprechen. Wie über Autos.‹
›Was meinst du damit?‹
›Ja. So. Naja, wie ich gesagt habe: Park' ich mal mein
Kind für fünf Stunden im Kindergarten. Oder: Park' ich
mal mein Kind für den halben Tag bei irgend so einer
Tagesmutter. Nur, damit die richtige Mutter sich mit
ihren Freundinnen treffen kann. Oder, meinetwegen
arbeiten geht. Wozu? Braucht sie oft gar nicht. Wenn der
Mann genug für die Familie verdient? Dann läßt sie ihre
Kinder im Stich. Das finde ich nicht gut.‹«
Timo, 17: Meine Frau, die bleibt zu Hause.
›Die Zeit‹, 5.2.1993

Gesellschaftliche Rahmenbedingungen verfestigen die
ungerechte Arbeitsteilung zwischen den Geschlechtern.
Es halten sich Väter nicht nur weitgehend aus der Familienarbeit heraus, es gibt auch viel zu wenig gesellschaftliche Unterstützung für Mütter. Die Versorgung von Kindern ist in Deutschland »Privatsache« und wird auf dem
Rücken der Frauen ausgetragen. Dennoch erdreisten sich
unsere Politiker, die mangelnde Gebärfreudigkeit zu
beklagen, Frauen Egoismus vorzuwerfen und düstere Zu-
kunftsszenarien von Überalterung der Bevölkerung und
dem drohenden »Aussterben« der Deutschen an die Wand
zu malen. Die Voraussetzungen dafür, daß das Kinderer-
ziehen für Frauen mit weniger Plage und Verzicht verbunden ist, sind sie aber nicht bereit zu schaffen.

Westdeutschland ist seit Jahrzehnten mit öffentlichen
Kinderbetreuungseinrichtungen notorisch schlecht ausgestattet. 1990 gab es in den alten Bundesländern gerade einmal 54 000 Krippen- und Tagespflegeplätze für Kinder

unter drei. Bei 1,8 Millionen Kindern diesen Alters bedeutet das eine Bedarfsdeckung von drei Prozent! Diese Plätze für die Jüngsten sind überwiegend mit Kindern Alleinstehender belegt. Ein Drittel entfällt außerdem auf nur zwei Großstädte: Hamburg und (West-)Berlin. Daran allein läßt sich ablesen, wie schlecht die Versorgung in anderen Teilen der alten Bundesländer ist. Und wie sehr Mütter durch die normative Kraft des Faktischen zur Berufsunterbrechung genötigt werden – mit allen sich im Zeitalter der Massenarbeitslosigkeit daraus ergebenden Konsequenzen.

Bei den Kindergärten ist die Situation zwar besser, aber insgesamt ebenfalls in höchstem Maße unbefriedigend. Regional gibt es große Unterschiede. Während in einzelnen Bundesländern die durchschnittliche Versorgungsquote bei 70 bis 80 Prozent liegt, findet in anderen Bundesländern nur jedes zweite Kind zwischen drei und sechs einen Platz. Viele Einrichtungen sind nur wenige Stunden am Vormittag geöffnet. Eine ganztägige Kindergartenbetreuung gibt es lediglich für 20 bis 25 Prozent aller Drei- bis Sechsjährigen.

Völlig unzureichend ist auch die Versorgung mit Hortplätzen für Schulkinder. Ganze 100 000 Hortplätze stehen für fünf Millionen Schülerinnen und Schüler unter 15 zur Verfügung. Die Zahl der Ganztagsschulen ist ebenfalls bescheiden.

Eine halbe Million Frauen mit Kindern wäre gern berufstätig, wenn die Kinderbetreuung gesichert wäre, ermittelte die Zeitschrift »Eltern«. Rund eine Viertelmillion Frauen verzichtet nach dieser Untersuchung auf ein zweites Kind, weil schon für das erste kein Kindergartenplatz zu bekommen war.

Ungleich besser sah die Versorgung mit Kindertageseinrichtungen in der DDR aus. Es gab Krippenplätze für über

die Hälfte aller Kinder unter drei. Bei den Kindergartenplätzen für die Drei- bis Fünfjährigen bestand sogar eine
Überversorgung von 113 Prozent. 80 Prozent aller Grund-
schulkinder besuchten einen Hort. Inzwischen wurde
durch Firmenschließungen und Rationalisierung eine
große Zahl von Betriebskindergärten in den neuen Ländern geschlossen. Auch viele Kommunen jenseits der Elbe
sehen sich nicht mehr in der Lage, ein ausreichendes Angebot an Krippen und Horten aufrechtzuerhalten.

Ein halbes Jahr nach der Vereinigung der beiden deut-
schen Staaten waren im Osten bereits zehn Prozent aller
Krippenplätze verloren gegangen. Die in der DDR übliche
Ganztagsschule ist weitgehend abgeschafft. Viele Familien
in den östlichen Bundesländern haben Probleme, die
Elternbeiträge für die Einrichtungen zu zahlen.

Gleichzeitig werden die Frauen systematisch aus der
Erwerbsarbeit verdrängt. Ende 1993 lag der Frauenanteil
an den Arbeitslosen in den neuen Ländern bei über 65 Prozent. So greift eins ins andere: Familien finden keine Betreuungsmöglichkeiten mehr für Kinder. Der Arbeitsplatz
der Frau wird wegrationalisiert. Also bleibt sie erst mal mit
den Kindern zu Hause. Der Wiedereinstieg ist schwer.
Inzwischen sind nicht nur weitere Arbeitsplätze abgebaut
worden. Die vorhandenen werden vorzugsweise mit Männern besetzt. Denn im Osten sind Frauen inzwischen stärker diskriminiert als im Westen.

Frauen, die den ganzen Tag zu Hause sind, haben ja –
wie praktisch – Zeit für die Kinderbetreuung. Also kann
man die öffentlichen Einrichtungen einsparen. Frauen, die
zurück in den Beruf wollen, stehen dann vor den gleichen
Schwierigkeiten, die ihre Schwestern im Westen seit Jahrzehnten kennen: Wenn Job, dann keine Betreuungsmöglichkeit für das Kind; wenn keine Betreuungsmöglichkeit,
dann kein Job. Und oft gibt es nicht einmal Geld vom

Arbeitsamt, weil die Mutter infolge der Betreuungspflicht für den Arbeitsmarkt »nicht verfügbar« ist.

Nun dürfen auch mehr ostdeutsche Männer die lückenlose Versorgung zu Hause genießen, derer sie sich in sozialistischen Zeiten wegen der hohen Frauenerwerbsquote nur eingeschränkt erfreuen konnten. Schon nimmt östlich der Elbe die Alleinzuständigkeit der Frau für bestimmte Hausarbeiten zu. Der Anteil der von Frauen und Männern zu DDR-Zeiten gemeinsam erledigten Hausarbeiten nimmt ab. So feiert das patriarchale Familienidyll – Mann »Ernährer«, Frau für Kinder und Haushalt zuständig – nach 40 Jahren Sozialismus fröhliche Urständ.

Als der Bundestag 1992 das Gesetz zur Neuregelung des Paragraphen 218 verabschiedete, wurde darin erstmals ein Rechtsanspruch auf außerhäusliche Kinderbetreuung festgeschrieben. Bisher hat Rheinland-Pfalz als einziges westliches Bundesland diesen Anspruch eingelöst, wobei nur 14,2 Prozent Ganztagsplätze sind. Auch in Rheinland-Pfalz kaum vorhanden: Krippen für Kinder unter 3. In den westlichen Bundesländern insgesamt liegt das Angebot für Krippenplätze bei etwa 2 Prozent, die Zahl der Hortplätze für Schulkinder nur wenig darüber. Brandenburg bemüht sich, den früheren DDR-Standard an flächendeckenden Tageseinrichtungen aufrechtzuerhalten. In allen anderen Bundesländern ist das Gejammer groß, weil angeblich das Geld nicht reicht. Ausschlaggebend aber dürfte sein, daß der politische Wille zur Umsetzung des Beschlusses fehlt. Viele Männer, auch männliche Politiker, sehen nicht ein, warum in einer Zeit der Massenarbeitslosigkeit die Frauen nicht freiwillig vom Arbeitsmarkt verschwinden. Das wagen aber die wenigsten auszusprechen. Statt dessen verschanzt man sich hinter den leeren öffentlichen Kassen. Oder verbreitet längst überholte Weisheiten konservativer Pädiater aus den fünfziger Jahren: »Kleine Kinder sollten zu Hause von der Mutter versorgt werden und nicht in Einrichtungen abgeschoben werden.« Allen wissenschaftlichen Erkenntnissen zum Trotz, wonach Kinder, die in Tageseinrichtungen mit Gleichaltrigen zusammen aufwachsen, selbständiger, beziehungsfähiger und gemeinschaftsorientierter sind als solche, die isoliert in der Kleinfamilie zurechtkommen müssen. Aber die konservativen Einstellungen haben wieder Konjunktur, nicht nur unter Politikern: Im Vergleich zu den siebziger Jahren haben sich die Widerstände gegenüber der Erwerbstätigkeit von Müttern in der westdeutschen Bevölkerung verstärkt.

Die in Deutschland üblichen Öffnungs- und Schließungszeiten von Schulen, Kindergärten, Geschäften und Behörden sind für AusländerInnen oft unbegreiflich. Sie zeigen an, wie sehr die deutsche Gesellschaft darauf eingestellt ist, daß Millionen nichterwerbstätige Frauen die tägliche Lebensplanung von Männern und Kindern organisieren.

»Und drinnen waltet die züchtige Hausfrau ...« In keinem westlichen Industrieland wird die althergebrachte Arbeitsteilung zwischen den Geschlechtern so in Ehren gehalten wie im Lande Friedrich Schillers. 73,4 Prozent aller Französinnen zwischen 25 und 50 Jahren sind berufstätig. In Deutschland (West) sind es 68,5 Prozent. In Frankreich besuchen allerdings auch 40 Prozent der Zweijährigen eine Kinderkrippe und fast alle Dreijährigen die »Ecole Maternelle«, eine Mischung aus Vorschule und Kindergarten. 80 Prozent aller erwachsenen Schwedinnen gehen einem Beruf nach. Im Norden ist der Streß der »Vereinbarkeit« erheblich geringer als hierzulande. Allerdings gibt es in Schweden auch Betreuungseinrichtungen, die rund um die Uhr geöffnet sind. Veränderte Rahmenbedingungen führen zur Erfüllung des Herzenswunsches aller Rentenpolitiker in den Industrieländern: Anstieg der

Geburtenrate. Sie lag 1992 in Schweden bei 2,07 Kinder pro Frau. In Frankreich liegt sie »nahe beim Niveau der Bestandserhaltung«, freut sich die »Gesellschaft für Familienforschung«. Und das, obwohl drei von vier französischen Müttern mit Kindern unter drei berufstätig sind. Oder vielmehr: *weil* sie beides, Kinder und Beruf, vereinbaren können. Die großzügige Ausstattung mit Krippen und Tagesstätten macht es möglich.

Auch Belgien kennt flexible Öffnungszeiten der Kindergärten, während viele Einrichtungen bei uns nur vormittags aufhaben. In Griechenland gehen 97 Prozent der Drei- bis Sechsjährigen den ganzen Tag in den Kindergarten. In Dänemark ist flächendeckend die Ganztagsbetreuung von Kindern in Tagesstätten und Schulen gesichert. Deutschland ist das einzige Land in Europa, in dem es Aufgabe der Frauen ist, die Diskrepanz zwischen Schulzeiten der Kinder und eigener Erwerbstätigkeit zu überbrücken. Anders als in den USA oder den Ländern der Europäischen Union ist die Ganztagsschule in Deutschland (West) immer noch die große Ausnahme. Oder wird (in Deutschland-Ost) wieder dazu gemacht.

Für Männer ist es auf Dauer allemal bequemer – und prestigeträchtiger –, als »Ernährer« den Familienlohn nach Hause zu bringen, statt sich mit einer ebenfalls erwerbstätigen Frau ständig über die häusliche Aufgabenverteilung auseinanderzusetzen. Und politisch ist es einfacher und billiger, die öffentliche Fürsorgepflicht für die nachwachsende Generation zur Privatsache der Frauen zu erklären.

»Wohin mit dem Kind, wenn ich ins Büro gehe?« Wenn es *Männer* wären, die sich diese Frage ernsthaft stellen müßten, wäre die bedarfsgerechte Versorgung mit Kindertagesstätten weder politisch noch finanziell ein Problem.

Arbeitszeitverkürzung, Väterurlaub –

wie Männer Familie und Beruf vereinbaren können

> »Der gesetzliche Sechs-Stunden-Tag für Väter plus die
> gesetzliche Pflicht zur Hausarbeit – würde es da dem
> Mann nicht viel schwerer fallen, vor der Frau den
> erschöpften Kämpfer zu spielen, der heimkommt aus
> dem feindlichen Leben, um sich verdientermaßen
> versorgen zu lassen?«
> *Birgit Meiners, »Utopie-Papier« zur Vereinbarkeit von*
> *Erwerbsarbeit und Leben mit Kindern für Männer und*
> *Frauen, Arbeitskreis Frauenpolitik der Grünen*
> *im Bundestag, Februar 1988*

Die »Vereinbarkeit von Familie und Beruf« ist für Männer keine Frage, die sich in ihrem Leben bisher ernsthaft
stellte. Wenn von »Vereinbarkeit« die Rede ist, geht es
immer darum, die Doppel- und Dreifachbelastung von
Frauen gerade soweit zu erleichtern, daß diese bereit sind,
sie weiterhin zu tragen. Lösungsversuche der Verein-
barkeitsproblematik, die bei Frauen ansetzen, oder sich
auf diese beschränken, sind jedoch sinnlos. Denn die
»Vereinbarkeit von Familie und Beruf« ist in Wirklichkeit
ein Problem der (faulen) Männer. Das männliche »Nor-
malerwerbsverhalten«, die lebenslange Verfügbarkeit von
Männern für Erwerbsarbeit, ihr Verfangensein in berufliche Karrieremuster setzt voraus, daß ihnen die Frau zu
Hause den Rücken freihält. Falls diese Frau selber berufliche Ambitionen hat und finanziell auf eigenen
Beinen stehen will, gar noch Mutter ist, na, dann ist das
halt ihr Problem. Soll sie sehen, wie sie den Spagat hin-
kriegt.

Die allgemeine Herabsetzung der täglichen oder
wöchentlichen Erwerbsarbeitszeit wäre ein erster Schritt
zur Auflösung der Lebens- und Arbeitsverhältnisse, in

denen die Männer es sich bequem gemacht haben. Wie schwer sie es als Erwerbstätige haben, beklagen Männer häufig. Karrieremachen kostet Nerven und bringt Streß. Aber viele machen keine Karriere, sind statt dessen in Hierarchien eingebunden, fühlen sich als anonyme Rädchen in einem fremdbestimmten Produktionsablauf. Hetze und Leistungsdruck herrschen an vielen Arbeitsplätzen. Lärm, Staub, Dämpfe, Strahlen schädigen die Gesundheit und beeinträchtigen das Wohlbefinden. Das alles trifft auf Arbeitsplätze von Frauen mindestens genauso zu. Aber nur die Männer nehmen sich heraus, als Ausgleich für die schwere Arbeit, zu Hause den Pascha zu spielen. Oder sich bei Sport, Hobby oder kreativem Dachausbau für die Ödnis des Erwerbs zu entschädigen.

Die Verkürzung der Arbeitszeit müßte den nach eigenem Bekunden so schwer geplagten Männern eigentlich entgegenkommen. Die meisten halten davon aber gar nichts. Die von den Gewerkschaften in den achtziger Jahren eingeleitete Politik der Arbeitszeitverkürzung war in der männlichen Mitgliedschaft nie sonderlich populär. Den »Ernährern« gingen Lohnerhöhungen immer vor. Umfragen ergaben 1993, daß eine Mehrheit von Männern weitere Arbeitszeitverkürzungen ablehnt. Sie votieren sogar für mehr Schicht- und Samstagsarbeit. Auch angesichts von fast vier Millionen Arbeitslosen machen Hunderttausende von Männern fleißig Überstunden. Alles nur, um die Ratenzahlungen für das Häuschen und das neue Auto sicherzustellen?

Mag sein, daß das hohe Konsumniveau vieler Menschen durch Arbeitszeitverkürzungen ohne oder mit nur geringem Lohnausgleich in Frage gestellt würde. Aber die Debatte um Arbeitszeitverkürzung hat noch einen anderen Aspekt. Ein verkürzter Arbeitstag – sprich: Teilzeit –

ist für Frauen in Ordnung. Der männliche Erwerbstätige fühlt sich jedoch in seiner sozialen Gewichtigkeit herabgesetzt, wenn er nach fünf oder sechs Stunden schon nach Hause gehen soll. Das ist für einen Mann irgendwie nicht seriös. Die Bedeutung des Familienernährers nähme Schaden. Der Mythos der männlichen Unentbehrlichkeit wäre bedroht. Und: Was soll er den Rest des Tages anfangen? Etwa zu Hause Fenster putzen?

Lange sah es so aus, als habe die Arbeitszeitverkürzung gesellschaftspolitisch ausgespielt. Um die öffentlichen Kassen zu entlasten, müssen bayerische BeamtInnen neuerdings wieder 40 Stunden in der Woche arbeiten. Auch die Arbeitsbelastung von LehrerInnen soll heraufgesetzt werden. Um Kosten zu sparen, will man weitere Beschäftigte »freisetzen«, die Verbliebenen dafür möglichst rund um die Uhr arbeiten lassen.

Anfang 1994 hat der VW-Konzern in mehreren Werken, statt Entlassungen auszusprechen, für die hohe Abfindungen hätten gezahlt werden müssen, die Viertagewoche (28,8 Stunden) eingeführt. Das hat der Politik der Arbeitszeitverkürzung unerwartet neuen Auftrieb verliehen. 28,8 Wochenstunden, wenn auch ohne Lohnausgleich – das ist eine drastischere Absenkung der Arbeitszeit, als die Gewerkschaften je gefordert hatten. Also noch weniger Arbeit fürs faule Geschlecht?

Als die Gewerkschaften in den achtziger Jahren erstmals mit der Forderung nach der 35-Stunden-Woche in die Tarifverhandlungen gingen, begleitete eine Fraueninitiative »Sechsstundentag für Alle« die Verhandlungen. Die Frauen erhofften sich, die in Büros und Werkhallen freiwerdenden Energien der Männer auf die Arbeit in Küche, Bad und Kinderzimmer umlenken zu können. Auch wenn es den Bossen von VW und der IG Metall keineswegs darum geht, die zu 87 Prozent aus Männern bestehende

Belegschaft des Autokonzerns für die Familienarbeit frei-
zusetzen, so besteht jetzt zum ersten Mal seit langem wieder die Chance für eine gerechtere Verteilung von Arbeit –
zwischen Erwerbstätigen und Erwerbslosen. Und zwischen Männern und Frauen.

Die Viertagewoche bei VW, und demnächst vielleicht
auch in anderen Branchen, beschert den Beschäftigten viel
freie Zeit. Wie nutzen die Männer sie? Die Baugewerk-
schaft hat bereits die Kollegen der IG Metall beschuldigt,
sich an langen freien Wochenenden auf den niedersächsischen Baustellen als Schwarzarbeiter zu verdingen. Es
werden aber auch andere Auswirkungen beschrieben.
Viele Männer und Frauen sind erleichtert, daß die Frühschicht jetzt um 7.00 Uhr statt um 4.20 Uhr beginnt. Sie
berichten von einem Gewinn an Lebensqualität, weil sie
nicht mehr gegen den natürlichen Schlaf- und Wachrhyth-
mus leben müssen. Die zusätzliche Freizeit wird nicht nur
bejammert, sondern auch genossen, trotz Lohneinbußen
zwischen 300 und 800 Mark monatlich. Die Menschen
haben mehr Gelegenheit, am kulturellen und öffentlichen
Leben teilzunehmen.

Allerdings sind es bisher nur weibliche Beschäftigte, die
sich darüber freuen, daß sie Familien- und Berufsarbeit
besser vereinbaren können. Die Teilzeitbeschäftigten
unter ihnen registrieren erleichtert, daß ihr »Sonderstatus«
weggefallen ist: der Abstand zum »Normalarbeitsverhältnis« ist fast eingeebnet, und damit ist auch die unter-
schwellige Diskriminierung der Teilzeit-Frauen ver-
schwunden. Daß sie nur »hinzuverdienen« und beruflich
weniger engagiert sind als die »Ernährer« läßt sich nun
nicht mehr unterstellen.

Mit der Herabsetzung der Erwerbsarbeit auf 28,8 Stunden in der Woche könnten die Männer ruhig die Hälfte der
Hausarbeit übernehmen, ohne Angst haben zu müssen,

unter der Arbeitslast zusammenzubrechen. Allerdings müßten die neuen Erwerbszeiten für alle Beschäftigten einheitlich gelten. Die bisher von der IG Metall abgeschlossenen Tarifverträge zur 35-Stunden-Woche sahen immer Ausnahmen für bestimmte Teile der »Kernbelegschaft« vor. »Wichtige« Mitarbeiter sollten auch weiterhin 40 Stunden oder länger arbeiten. Männer mit festen Karrieremustern in den oberen Lohn- und Gehaltsgruppen können sich so weiterhin guten Gewissens vor Hausarbeit drücken, denn im Betrieb sind sie »unabkömmlich«. Diese Zeitpolitik war ein falsches gesellschaftspolitisches Signal. Auch das VW-Modell wird nicht einheitlich umgesetzt. In Werken und Betriebsteilen, die mit Aufträgen ausgelastet sind, wird »normal« gearbeitet, werden sogar Überstunden abgefordert.

Ob die allgemeine Verkürzung der Erwerbsarbeitszeiten ausreicht, das faule Geschlecht zur Umkehr zu bewegen, bleibt fraglich. Die männlichen Karrieremuster sind damit noch nicht in Frage gestellt. Neben der Arbeitszeitverkürzung wäre daher ein Vaterschaftsurlaub ein weiterer Schritt zur Integration der Männer in die Familienarbeit. Vaterschaftsurlaub allerdings mit verbindlicher Verpflichtung. Das könnte zum Beispiel durch eine Neuregelung des Arbeitsschutzes geschehen. Analog zum Mutterschutz würde dann ein Vaterschutz Arbeitgebern verbieten, Väter kleiner Kinder zu beschäftigen.

Ein solcher Zwangsausstieg für Männer von mindestens einem Jahr Dauer wäre die Revolution in den Personalabteilungen: Plötzlich schwebte das »Kinderrisiko« nicht nur über den weiblichen Beschäftigten, sondern auch über den Männern, und zwar, anders als bei den Frauen, erwerbsarbeitslebenslang.

Mit der ständigen Verfügbarkeit der Männer von 18 bis 68 könnte kein Betrieb, keine Verwaltung mehr rechnen.

Es sei denn, die Männer zögen die Notbremse und weigerten sich, Kinder zu zeugen. (Ihre größere Verantwortungsbereitschaft für die Verhütung – »bloß jetzt kein Kind, als stellvertretender Abteilungsleiter kann ich nicht ein Jahr aussteigen« – wäre ein willkommener Nebeneffekt.) Damit wären die berechenbaren Karrieremuster der Männer durchlöchert, die »Wechselfälle des Lebens« (Barbara Sichtermann), wie die Geburt eines Kindes, hinterließen endlich auch in ihrem Leben Spuren. Noch tun sie das nicht, weil Männer sich freiwillig nicht vermenschlichen lassen.

Ein gesetzlicher Vaterschutz ginge sehr viel weiter als die zur Zeit in Schweden diskutierte »Quotierung« des Elternurlaubs. Dort sollen Vater und Mutter in Zukunft nicht mehr gemeinsam über 12 Monate Elternurlaub verfügen, sondern nur noch über sechs Monate je Elternteil. Der Druck auf die Väter, ihren Anteil zu übernehmen, wird also verstärkt. Aber nur ein ganz kleines bißchen. Denn auch nach den neuen Plänen kann der Vater seine Monate an die Mutter abtreten – zur Strafe gibt es dann Lohnersatz »nur« noch in Höhe von 75 oder 80 Prozent statt von 90 Prozent des Einkommens.

Ob das ausreicht, um das faule Geschlecht im Norden an die Wickelkommode zu treiben? Anders als bei der schwedischen Lösung wäre ein gesetzlich verbindlicher Vaterschaftsurlaub nicht mehr in das Belieben des Mannes gestellt – oder seines Arbeitgebers. Allerdings würde ein solches Schutzrecht Geld kosten. Denn 600 Mark Erziehungsgeld, notfalls durch Sozialhilfe aufgestockt – so billig könnte man Männern nicht kommen. Das lassen sich nur Frauen bieten. Die fast 30 Milliarden Mark, die sich der Staat durch das steuerrechtliche Ehegatten-Splitting jährlich entgehen läßt, drängen sich als Finanzierungsvorschlag geradezu auf, um die heutigen Mütter und die zukünftigen Väter Familienarbeit machen zu lassen, ohne sie unter die Armutsgrenze zu drücken.

Eine menschlichere Gesellschaft, in der Männer nicht mehr die Gefühls- und Beziehungsarbeit an Frauen delegieren, bedarf jedoch neuer nichtmaterieller Werte und Fähigkeiten: Genügsamkeit statt eines hohen Konsumniveaus, Gemächlichkeit statt Mobilität, Genußfähigkeit statt der Reize »virtueller Realitäten« am Bildschirm.

Dem Ernährer die Luft ablassen –

weniger Geld, mehr Arbeit für Männer

> »Schafft Zustände, worin jeder herangereifte Mann ein
> Weib nehmen, eine durch Arbeit gesicherte Familie
> gründen kann ...«
> *Denkschrift der deutschen Abteilung der Internationalen*
> *Arbeiterassoziation 1866*

Weniger Berufsarbeit für Männer kann nur dann sinnvoll sein, wenn sie dafür mehr Haus- und Familienarbeit leisten. Wenn das aber nicht geschieht?

Die langjährige österreichische Familienministerin Johanna Dohnal schockte die Alpenrepublik mit ihrem Vorschlag, eine gesetzlich verankerte Hausarbeitspflicht für Männer einzuführen. Wenn es früher möglich war, Frauen qua Gesetz zum ehelichen Verkehr zu zwingen, warum sollte dann nicht heute ein Gesetz gegen das männliche Schmarotzertum in Haushalt und Familie wirken? Im deutschen Recht böte sich da der § 1356 BGB an. Bis zur Ehe- und Familienrechtsreform von 1976 wurde dort den Frauen die Pflicht zur »Haushaltsführung« auferlegt. Heute gibt sich der Paragraph liberal-neutral: Die Haushaltsführung soll »in gegenseitigem Einvernehmen« geregelt werden. Wie das aussieht, wissen wir. Warum also nicht ein § 1356 BGB wie folgt:

»In Ehen und eheähnlichen Gemeinschaften sind die Männer verpflichtet, sich mindestens zur Hälfte an der Haus- und Familienarbeit zu beteiligen.«

Auch wenn die »Zwangsvollstreckung« einer solchen Norm schlecht vorstellbar ist – sie wäre ein Anlaß, die Arbeitsabstinenz der Männer öffentlich zum Thema zu machen.

Zwischen Unternehmensführungen und Gewerkschaften ist umstritten, inwieweit Arbeitszeitreduzierungen durch Lohnausgleich kompensiert werden sollen. In der ungleichen Verteilung der Ressourcen – Männer haben Zeit und Geld, Frauen fehlt es zumeist an beidem – drückt sich das Machtgefälle zwischen den Geschlechtern aus. Arbeitszeitverkürzung ohne Lohnausgleich haben Frauen schon seit Jahren hinnehmen müssen – weil ihnen Erwerbsarbeit vielfach nur noch in Form von nichtexistenzsichernden Teilzeitjobs angeboten wird.

Viel Geld zu verdienen ist Männern sehr wichtig. Nicht nur wegen der Dinge, die man sich davon kaufen kann: Computer und Videorecorder, Autos und Versicherungspolicen, Stereoanlagen, Frauen, Häuser. Ein dickes Gehalt unterstreicht auch die Bedeutung und Gewichtigkeit dessen, der es »verdient«. Hohe Löhne und Gehälter sind für Männer eine Art Potenznachweis. Vor allem für den »Familienernährer«. Offensichtlich ist er nicht nur imstande, Kinder zu zeugen. Ganz allein unterhält er auch noch die von ihm abhängige Brut. Und die Frau, die »nicht arbeiten muß«, obendrein.

Das ist auch ein Grund, weshalb viele Männer gegen die Berufstätigkeit ihrer Frauen sind. Eine vielleicht sogar noch erfolgreiche, berufstätige Frau gefährdet nicht nur die Bequemlichkeit des Mannes im trauten Heim. Sie relativiert auch seine Bedeutung als Geldbeschaffer und unterhöhlt damit seine Machtposition in Gesellschaft und Familie. Männer neigen übrigens dazu, ihr eigenes Einkommen zu überschätzen und den Beitrag der Frauen zum Familienbudget herunterzuspielen.

Es ist an der Zeit, dem aufgeblasenen Ernährer-Popanz die Luft abzulassen. Zum Beispiel durch die radikale Kürzung der Männergehälter. Welcher Mann »verdient« schon 70 000 Mark im Jahr oder mehr? Eine Folge exzessiver Arbeit ist es in den seltensten Fällen.

Unverzichtbar ist jedenfalls die Streichung des »Ehegatten-Splittings« im Steuerrecht, und zwar ersatzlos. Denn die unter dem Begriff »Familien-Splitting« in die Diskussion gebrachte Reform würde den gut verdienenden »Ernährer« noch weiter aufwerten. Neben der Ehefrau kämen jetzt die Kinder als zusätzliche »Divisoren« ins Spiel, um die Steuerschuld zu mindern. Auch das ein sozial ungerechtes Modell und, wie schon das heutige Splittingverfahren, dem patriarchalen Ehemodell verpflichtet.

Die ungleiche Verteilung von Arbeit, Zeit und Geld zwischen den Geschlechtern kann nur abgebaut werden durch die strikte Individualisierung des Steuerrechts. Aber auch Renten- und Krankenversicherungssystem müssen aus ihrer Funktion als Stützen der Ernährer-Herrlichkeit befreit werden. Ein Mann, der sich eine Hausfrau leistet, soll für sie auch gefälligst Renten- und Krankenkassenbeiträge abführen.

Andererseits muß Menschen, die Kinder erziehen, dieses auch finanziell ermöglicht werden. Neben der einkommensunabhängigen Anhebung des Kindergeldes sind auch kollektive staatliche Leistungen gefragt. Vor allem ganztägig geöffnete, kostenlose Kinderbetreuungseinrichtungen, auch für Kinder unter drei Jahren und für Schüler und Schülerinnen. Wie wäre es darüber hinaus mit freier Fahrt für Kinder und für Erwachsene in Begleitung von Kindern auf allen öffentlichen Verkehrsmitteln? Mit Beihilfen bei der Einschulung und beim Schulwechsel? Mit Kostenerstattung für Klassenfahrten und Ferienreisen, wie sie es zum Teil in Frankreich gibt? Jedenfalls sind viele Formen der Unterstützung für Kinder und für Erwachsene, die Kinder aufziehen, denkbar, ohne daß dabei ständig der männliche Familienernährer die Hand aufhält. In der politischen Wirklichkeit sieht es leider anders aus. Die Einlösung des Rechtsanspruchs auf einen

Kindergartenplatz wird erst mal verschoben – angeblich ist kein Geld da.

Es wäre da, wenn Männergehälter endlich gerecht besteuert und ab einer bestimmten Höhe gekappt würden. Die von den Männerverdiensten abgeschöpften Milliarden wären in Form von drastisch höherem Kindergeld, vor allem für alleinerziehende Mütter, gesellschaftlich sinnvoll angewandt. Der Rest sollte auf die hart arbeitenden Sekretärinnen, Putzfrauen, Bandarbeiterinnen, Friseurinnen und Verkäuferinnen verteilt werden, um endlich dem Jahrhundertskandal der Frauenlohndiskriminierung ein Ende zu bereiten.

Wenn Frauen für ihre Erwerbsarbeit endlich angemessene Löhne und Gehälter bezögen, wäre der »Ernährer« überflüssig. Beide Geschlechter würden für den finanziellen Unterhalt der Familie aufkommen. Frauen hätten auch weniger Probleme, ihrem Qualifikationsniveau entsprechende Beschäftigungen zu finden. Denn die Schmutzkonkurrenz des Mannes entfiele, der seiner Kollegin immer ein paar Nasenlängen voraus ist, weil ihm die Hausfrau zu Hause den Rücken freihält. Beide, Mann und Frau, hätten nach Feierabend noch diese und jene Hausarbeit zu verrichten und müßten am Vorabend der wichtigen Konferenz ihre Garderobe in Ordnung bringen – statt daß sie bis nach Mitternacht Seidenblusen (und Männerhemden) bügelt, während er in Ruhe die Akten studiert.

Frauen macht Platz –

laßt die Männer an den Herd

Die extrem schiefe Verteilung der Arbeit zwischen den Geschlechtern ist gesellschaftlich gut abgesichert. Sozialversicherung und Steuerrecht, Arbeitsmarkt und Tarifverträge, Konvention und Bewußtsein, Kindergartenöffnungszeiten und fehlende Buslinien, Brauchtum und Sitte – alles wirkt sich so aus, daß sich das faule Geschlecht in seiner reichlich bemessenen Freizeit auf dem Bärenfell beziehungsweise vor dem Fernseher rekeln kann. Und sich dennoch ständig in seiner Großartigkeit als Familienernährer und gesellschaftlicher Leistungsträger bestätigt sieht.

Zwei kleine Lichtblicke gibt es: die inzwischen europaweite Diskussion um die allgemeine Herabsetzung der wöchentlichen Erwerbsarbeitszeiten und der in Deutschland seit 1992 bestehende Rechtsanspruch auf einen Kindergartenplatz. Allerdings steht dieser Anspruch einstweilen nur auf dem Papier. Es wäre falsch abzuwarten, ob die starren, männerbegünstigenden Rahmenbedingungen auch in anderen Bereichen ins Wanken kommen: im Steuerrecht, in der Lohnpolitik, beim Elternurlaub.

Frauen müssen die Initiative ergreifen, den gesellschaftlichen Wandel in ihrem Sinne vorantreiben, den Ballast der uns zugemuteten Mehrarbeit abwerfen. Die meisten Männer, scheint es, warten immer noch auf den ganz privaten Anpfiff durch ihre Frauen, um endlich Klobürste, Windel und Wischlappen in die Hand zu nehmen. Damit sie, wenn der Anpfiff erfolgt, nicht hilflos dastehen, hat die ehemalige niedersächsische Frauenministerin Waltraud Schoppe in 38 Einrichtungen der Erwachsenenbildung »Väterkurse« angeregt. In deren Verlauf sollen Männern »einfache Kulturtechniken« (Schoppe) wie Putzen und Kochen nahegebracht werden. Aber auch in soziale Verantwortung im Zusammenleben mit Kindern sollen Kursteilnehmer sich einüben.

Das Mütterzentrum im hessischen Langen hatte diese Idee schon vor sechs Jahren. Willige Männer konnten dort an Haushaltskursen teilnehmen, mit Themen wie »Wirtschaftlichkeitsberechnungen im Haushalt«, »Marktübersicht«, »Einübung von kurzen, schnell wechselnden Arbeitsvorgängen«. Im praktischen Teil folgten dann handfeste Dinge wie Bodenpflege, Wäschewaschen und Fensterputzen. Die erfolgreichen Teilnehmer durften sich in einem Aufbaukurs in Konzentrations- und Leistungssteigerung bei der Hausarbeit üben. Die Kurse bestehen heute nicht mehr. Nicht etwa, weil es an Teilnehmern gefehlt hätte. Im Gegenteil. Die Langener Frauen konnten sich vor wißbegierigen Männern, vor allem männlichen Medienvertretern, kaum retten. Sie strichen die Kurse wegen Arbeitsüberlastung.

Erst in undeutlichen Umrissen ist im alten Faulpelz der Neue Mann erkennbar. Die sozialen Kompetenzen beispielsweise, die sich die Väter inzwischen angeeignet haben, reichen nicht aus. Frauen haben heute andere Vorstellungen von Partnerschaft als die starr in ihren Rollen verharrenden faulen Männer. Sie sind nicht mehr bereit, im Austausch für Kost und Logis, Dienstbotin, Kindermädchen, Therapeutin und Familienmanagerin für die passiven, männlichen Feierabenddurchhänger zu spielen. Der neue Mann wird sich um den Ausgleich des Beziehungskontos bemühen müssen. Immer nur abheben, von der Arbeit und den Gefühlen der Frauen leben, ist nicht mehr. Irgendwann wird das Konto gesperrt. Will er das verhindern, muß sich der Mann von seinen Versorgungsansprüchen lösen. Er muß endlich von der Säuglingstour herunter: Füttere mich, kümmere dich um mich, wechsel meine Windeln, sei immer für mich da. Der Neue Mann wird erkennen, daß er längst erwachsen ist, daß er selber für sich und seine Schmutzwäsche Verantwortung übernehmen kann. Und er wird sie übernehmen.

Wenn nicht, werden sich Frauen auf Dauer dem Schmarotzertum verweigern. Wie sie es bereits millionenfach tun. Immer mehr Frauen kehren den herkömmlichen Lebensformen Ehe und Familie den Rücken. Single-Sein heißt nicht, auf Liebespartner zu verzichten. Aber Frauen, die ihre Partner nur besuchsweise in Schlaf- und Wohnzimmer lassen, sparen sich eine Menge Ärger und Arbeit. Die Geschirr- und Wäscheberge in seiner Bude lassen sie relativ kalt, solange auch sie dort nur zu Gast ist.

Bereits voll im Gang ist der Gebärstreik. Während Westdeutschland schon länger zu den am wenigsten geburtenfreudigen Ländern gehörte – übertroffen nur noch von Italien –, ist der Geburtenrückgang in der ehemaligen DDR geradezu dramatisch. Von zwölf Geburten je 1000 EinwohnerInnen 1989 ging die Rate östlich der Elbe inzwischen auf 5,5 pro Tausend zurück.

Umfragen bestätigen: Frauen wollen immer noch Kinder. Aber nicht mehr um jeden Preis. Und nicht unter diesen ihnen zugemuteten Umständen: Keine Betreuungsmöglichkeiten, Zwang zur Berufsaufgabe, keine materielle Sicherheit, dafür 70-Stunden-Woche. Da helfen auch nicht die Horror-Szenarien besorgter Familienpolitiker: Deutschland, eine langsam vergreisende Gesellschaft von Arbeitsmonaden, isoliert in Einzimmerappartements.

Statt sich in düsteren Zukunftsahnungen zu ergehen, sollten die Familienpolitiker lieber zur Änderung gesellschaftlicher Rahmenbedingungen beitragen. Es geht darum, die Gesellschaft mütter- und elternfreundlicher zu gestalten. Aber auch kinderfreundlicher.

Inwieweit Frauen jetzt schon die auf ihren Schultern liegende Arbeitslast dem starken Geschlecht aufbürden können, ist eine Frage von Macht und Geld. Aber auch von innerer Einstellung. Frauen, die beruflich auf eigenen Füßen stehen, materiell nicht vom Mann abhängig sind, müssen auch nicht dulden, daß er seinen Seelenmüll und seine Bügelwäsche bei ihnen ablädt. Oder daß er sich um die tägliche Verantwortung und Arbeit für und an den Kindern drückt. Frauen, die ihren Beruf aufgegeben haben, um Mann und Kinder zu versorgen, haben sich damit vom »Ernährer« abhängig gemacht. Der Kampf um die auch ihnen zustehenden arbeitsfreien Räume und Zeiten ist schwer. Viele von ihnen hätten sicher längst die Ansprüche und Zumutungen der männlichen Faulpelze abgeschüttelt, wenn sie nicht das Gefühl hätten, um der Kinder willen zurückstecken zu müssen. Die Verantwortung für die Kinder läßt manche Frauen in Ehen ausharren, die sie unter anderen Umständen längst beendet hätten.

Aber auch innere Widerstände hindern Frauen daran, die Männer ihrem eigenen Dreck zu überlassen. Tiefverwurzelte Vorstellungen, daß Frauen »häuslich« zu sein und Männer ein Anrecht haben, »verwöhnt« zu werden, geistern noch durch manchen Kopf. Auch die – verständliche – Einstellung vieler Frauen, »bevor ich jedesmal kämpfe, mache ich es lieber selber«, hilft nicht weiter. Frauen sollten auch den Männern etwas zutrauen. Oft überlassen Mütter nur ungern die Kinder dem Vater. Sie fürchten, er werde sich nicht richtig um sie kümmern. Hausfrauen und Mütter, die sich stark mit ihrer Rolle identifizieren – oft mangels Alternativen – empfinden den Gedanken, Arbeit und Verantwortung abzugeben, als teilweise Entmachtung.

Gerade bei der Vaterschaft haben die wenigen »neuen« Männer noch am ehesten bewiesen, daß sie taugen. Sie müssen nur rechtzeitig, das heißt, solange das Kind noch klein ist, in die Verantwortung einbezogen werden. Frauen, die nicht auf gesetzliche Regelungen warten wollen, können schon heute ihre Männer in die gemeinsame Verantwortung für das Kind, die Kinder, einbinden. Zum Beispiel, indem sie mit ihnen Partnerschaftsverträge abschließen, in denen sich der Mann verpflichtet, mindestens ein Jahr Erziehungsurlaub zu nehmen. Frauen könnten sich im Gegenzug verpflichten, ihren Anteil zum Familienunterhalt kontinuierlich beizutragen.

Einige vielversprechende »neue« Väter zeigen, daß das faule Geschlecht in gewissem Umfang lernfähig ist und durchaus in der Lage, soziale Verhaltensweisen zu entwickeln. Für die anderen gilt: Frauen werden die ungerechte Verteilung der Lasten beenden, indem sie die ihnen anerzogene Fürsorglichkeit, Hilfsbereitschaft und Bescheidenheit nicht mehr dort einsetzen, wo sie offensichtlich nur ausgenutzt wird.

Die Männer hauen dann ab, suchen sich eine andere, die ihnen wie gewohnt den Dreck wegmacht? Die werden immer schwerer zu finden sein. Nur wenige Männer gehen soweit, sich aus Osteuropa oder Fernost eine Ehepartnerin zu holen in der Hoffnung, durch deren materielle und rechtliche Abhängigkeit sich die alten Privilegien zu sichern.

Die anderen, die netten, tolpatschigen, hilflosen Männer, werden in der kalten, unaufgeräumten Küche stehen und mit treuem Hundeblick auf Abhilfe durch das Ewig Weibliche warten. Lassen wir sie warten.

Anmerkungen

Der Prototyp

7 »Ich habe eine Frau ...«: Werbung der »Allianz«, ›Die Zeit‹, 13.3.1992.
   Häufigste Todesursache bei Männern zwischen 45 und 65: Statistisches Jahrbuch für die Bundesrepublik Deutschland 1992, S. 472, 473.

10 Arbeitsbelastung »Haushaltstyp B«: Sylvia Gräbe (Hg), Alltagszeit – Lebenszeit. Zeitstrukturen im privaten Haushalt, Frankfurt, New York 1992, S. 40, 41, 129.

Null Bock auf Bügeln – wie Männer im Haushalt arbeiten lassen

13 Zitat Eric Burdon: ›Kölner Stadt-Anzeiger‹, 30.4.1993.
   Helge Pross, Die Wirklichkeit der Hausfrau, Reinbek 1975, S. 144.
   Hans-Günter Krüsselberg, Michael Auge, Manfred Hilzenbecher, Verhaltenshypothesen und Familienzeitbudgets – Die Ansatzpunkte der »Neuen Haushaltsökonomik« für Familienpolitik. Schriftenreihe des Bundesministers für Jugend, Familie und Gesundheit, Band 182, Stuttgart, Berlin, Köln, Mainz, 1986, S. 204.
   Untersuchung »Partnerbeziehung und Familienentwicklung« der Krupp-Stiftung und der NRW-Landesregierung: ›Kölner Stadt-Anzeiger‹, 3.12.1988.

14 Der Minister für Arbeit, Gesundheit und Soziales des Landes NRW (Hg), Arbeitszeit '89. Ein Report zu Arbeitszeiten und Arbeitszeitwünschen in der Bundesrepublik. Düsseldorf, Dezember 1989, S. 146.
   Hausarbeit in Schleswig-Holstein: ›Kieler Nachrichten‹, 3.7.1990.
   DDR in den siebziger Jahren: ›Der Spiegel‹, 27.1.1975.
   DDR 1989: Uta Meier, Familiale Lebensweise und ökonomische Funktion von Familien in der Ex-DDR, in: Sylvia Gräbe (Hg), Alltagszeit – Lebenszeit, a. a. O., S. 179, 180.
   Männer in den neuen Ländern machen jetzt weniger Hausarbeit: So die brandenburgische Sozialministerin Regine Hildebrandt in einer Rede im Potsdamer Landtag am 18.2.1992. Vgl. auch die

jüngste Umfrage des Bundesministeriums für Frauen und Jugend zum Stand der »Gleichberechtigung von Frauen und Männern – Wirklichkeit und Einstellungen in der Bevölkerung«, ›Kölner Stadt-Anzeiger‹, 18.1.1994.

15 Institut für praxisorientierte Sozialforschung (IPOS), Mannheim, Gleichberechtigung von Frauen und Männern – Wirklichkeit und Einstellungen in der Bevölkerung. Schriftenreihe des Bundesministers für Frauen und Jugend Band 7, Stuttgart, Berlin, Köln 1992, S. 30.
Institut für Demoskopie Allensbach (Hg), Frauen in Deutschland. Lebensverhältnisse, Lebensstile und Zukunftserwartungen. Die Schering Frauen-Studie '93. Köln 1993.

16 48 Stunden Arbeit im Drei-Personen-Haushalt: »Die Situation der Hausfrau«, Faltblatt des Deutschen Hausfrauenbundes, Ausgabe 1987.
70 Stunden Arbeit in Haushalt und Beruf: Presseinformation der Ministerin für die Gleichstellung von Frau und Mann des Landes NRW vom 16.1.1992. Vgl. auch »IFPA« Nr. 110 (Initiative Frauen-Presseagentur, Bonn), Februar 1992.
17-Stunden-Tag von Arbeiterinnen mit Kindern: Rosemarie von Schweitzer, Ursula Baumgärtel in einer 1979 veröffentlichten Untersuchung, ›Stuttgarter Zeitung‹, 17.3.1979 und ›Welt der Arbeit‹, 1.3.1979.

17 Tagesplan der Nachtarbeiterin: DGB-Bundesvorstand, Abteilung Frauen (Hg), Frauen und Arbeit, Heft 3/4, 1991, S. 10.

18 Max Wingen, Behutsam verstärktes Engagement der Männer in der Familientätigkeit. In: ›Sozialer Fortschritt‹, 40. Jg., Heft 2, Februar 1991, S. 46.
Vorgeschlagene Verfassungsänderung NRW des Essener Diözesanrats: ›Westdeutsche Allgemeine Zeitung‹, 30.7.1987.
Institut für Demoskopie Allensbach, Der partnerschaftliche Mann. Einstellungen und Verhaltensweisen. Ergebnisse einer repräsentativen Bevölkerungsumfrage, März 1993. Dokumentation des Bundesministeriums für Frauen und Jugend – Materialien zur Frauenpolitik 31/93, S. 13.

19 Rainer, erfolgreicher Architekt … : Reportage in der ›Süddeutschen Zeitung‹, 21./22.11.1989.
Carol Hagemann-White zitiert nach Karin Klees, Partnerschaftliche Familien, Weinheim, München 1992, S. 150.

22 Rosemarie Nave-Herz: ›Frankfurter Rundschau‹, 13.5.1988.

24 Zeitbudgeterhebung Haushaltsproduktion: Dieter Schäfer, Norbert Schwarz, Wert der Haushaltsproduktion 1992. In: Wirtschaft und Statistik Nr. 8. 1994, S. 597 ff. Vgl. auch: Wo bleibt die Zeit? Die Zeitverwendung der Bevölkerung in Deutschland.

Herausgegeben vom Bundesministerium für Familie und Senioren und dem Statistischen Bundesamt. Wiesbaden 1994 (brosch.). Ferner: Die Zeitverwendung der Bevölkerung. Methode und erste Ergebnisse der Zeitbudgeterhebung 1991/92, Tabellenband I. Wiesbaden 1995.

25 Haushaltsroboter: ›Kölner Stadt-Anzeiger‹, 2. 12. 1994.

Die Familie – das Rundum-Sorglos-Paket für Männer

26 Blüm-Zitat: ›Der Spiegel‹ Nr. 48, 23.11.1992.

27 John Kenneth Galbraith, Wirtschaft für Staat und Gesellschaft, München 1974, S. 51.
Zeitplan der Frau vom Zeitplan des Mannes abhängig: Ingrid Rieken, Der zergliederte Alltag: Frauen im Umgang mit Zeit. In: ›ifg Frauenforschung‹ Heft 4/1989, S. 61.

28 Weiterbildungsseminare der Berliner Bank für Erziehungsurlauberinnen: Christa von Winsen (Hg), Schluß mit der Männerwirtschaft. Frauen in Beruf und Ausbildung, München 1990, S. 60.
»Verliere ich meinen Mann ...«: ›Kölner Stadt-Anzeiger‹, 13./14.7.1991.
Druck der Männer auf Hausfrauen in hessischen Berufsorientierungskursen: Nori Seelbach, Lernprozeß in der Frauengruppe. In: Gold, Liebe, Abenteuer. Lebensentwürfe von Frauen. Herausgegeben vom Frauenreferat der Grünen Hessen, Frankfurt/M., März 1988, S. 16.
Bei fast der Hälfte aller in Teilzeit arbeitenden Mütter in den westlichen Bundesländern sind die Kinder 15 Jahre oder älter: Burkhard Strümpel, Harald Bielenski, Familienfreundliche Arbeitszeitregelungen – Fakten, Wünsche, Hindernisse. In: Vereinbarkeit von Familie und Beruf – Neue Forschungsergebnisse im Dialog zwischen Wissenschaft und Praxis. Schriftenreihe des Bundesministers für Jugend, Familie, Frauen und Gesundheit Band 230, Stuttgart, Berlin, Köln, Mainz 1987, S. 43, 44.
Belastung von Teilzeit-Frauen: Vgl. Bericht über die Tagung »Neue Partnerschaft zwischen Frauen und Männern« der niedersächsischen Landesregierung, ›Frankfurter Rundschau‹, 13.5.1988.
Gabriele Deiter, Audi Ingolstadt: Christa von Winsen (Hg), Schluß mit der Männerwirtschaft, a. a. O., S. 96.

29 Walter Hollern aus Gummersbach: ›Kölner Stadt-Anzeiger‹, 21.6.1993.

30 Die meisten deutschen Männer beenden ihr Leben im Stand der Ehe: Ilona Ostner, Neue Leitbilder von Liebe, Ehe, Partner-

schaft. In: Familie und Beruf. Dokumentation der Aktionswochen der Ministerin für die Gleichstellung von Frau und Mann gemeinsam mit den kommunalen Gleichstellungsbeauftragten des Landes Nordrhein-Westfalen. Düsseldorf, August 1993, S. 29.

Immer mehr junge Männer leben heute lange in der Herkunftsfamilie: Elke Herms-Bohnhoff, Hotel Mama, Stuttgart 1992.

29,7 Milliarden DM Steuerverlust durch Ehegatten-Splitting 1993: Telefonische Auskunft der Pressestelle des Bundesministeriums der Finanzen, Dezember 1993. Zu den Steuerersparnissen eines alleinverdienenden Ehemannes vgl. auch: Lohnt die Ehe wirklich? Untersuchung von Dr. Ruth Becker im Auftrag des Arbeitskreises Frauenpolitik der GRÜNEN im Bundestag, Bonn, November 1990, S. 26.

32 Zur Subventionierung der Hausfrauen-Ehe durch das System der sozialen Sicherung vgl. Ellen Kirner, Leitbilder auf der Kippe? In: ›Die Mitbestimmung‹, 39. Jg., Heft 6, Juni 1993, S. 20.

Splitting-Vorteile für Spitzenverdiener: Annemarie Mennel, Vater Staat tut es extra! In: ›Emma‹, Mai/Juni 1994, S. 67. – ›Patriarchenlohn‹: Zitiert nach Marianne Schwan, Einkommenssteuerrecht: Materielle Auswirkungen des Ehegatten-Splitting. In: ›Zwei-Wochendienst Frauen und Politik‹, Nr. 71 und Nr. 73 1992.

Beziehungsarbeit

33 Wilfried Wieck, Männer lassen lieben, Berlin 1987.

34 Frauen anfälliger für psychische Leiden: Laut Statistik der Rentenversicherung waren 1991 24 Prozent aller weiblichen Neuzugänge bei den Berufs- und Erwerbsunfähigkeitsrenten auf »Neurosen, Psychosen, Nervenleiden« zurückzuführen (Männer: 11 Prozent), ›Süddeutsche Zeitung‹, 9.9.1992.

35 Klage des 45jährigen Finanzbeamten vor dem Familienrichter: ›Kölner Stadt-Anzeiger‹, 9./10. Mai 1987.

Wenn die Frau die Schwiegermutter pflegt

36 Karin Klees, Partnerschaftliche Familien, Weinheim, München 1992, S. 259.

Nichtinanspruchnahme der Freistellungsmöglichkeiten zur Pflege erkrankter Kinder durch Väter: Schriftliche Auskunft der

Abteilung Statistik des Bundesministeriums für Gesundheit, Dezember 1993 (Tabelle »Krankengeldfälle bei Erkrankung eines Kindes«).

37 Helene Boven: ›Kölner Stadt-Anzeiger‹, 22.4.1992.
Rund 1,1 Millionen Menschen mit erheblichem Pflegebedarf werden zu Hause betreut: ›Die Barmer‹ (Zeitschrift der Barmer Ersatzkasse), Nr. 3, Juli 1993. Vgl. auch: Gerhard Bäcker, Pflegebedürftigkeit und Pflegenotstand – Dimensionen eines sozialen und familiären Problems und Ansatzpunkte zur Absicherung des Pflegerisikos. In: ›WSI-Mitteilungen‹ Nr. 2, 1991, S. 88 ff.

Cholesterin, Becquerel und Arbeitslosigkeit

39 Siegfried Heinemeier, Zeitstrukturkrisen. Biographische Interviews mit Arbeitslosen. Opladen 1991, S. 214.
40 Die Frau als Ernährungsexpertin für den Ehemann: Barbara Ehrenreich, Die Herzen der Männer. Auf der Suche nach einer neuen Rolle, Reinbek 1983 (rororo Sachbuch 7844).
Depressivität als Folge von Arbeitslosigkeit bei Männern: Franziska Schreyer, Weibliche familiale Arbeit und männliche Dauererwerbslosigkeit im Arbeitermilieu. Beiträge zur Arbeitsmarkt- und Berufsforschung, Nürnberg 1991.
41 Verstärktes Engagement erwerbsloser Männer im Haushalt als Übergangsphänomen: Siegfried Heinemeier, Zeitstrukturkrisen. Biographische Interviews mit Arbeitslosen, Opladen 1991, S. 216.
41 Einstellung von Männern zur Arbeitslosigkeit von Frauen: Gabriele Sörgel, »Ich bin ein unheimlich gefragter Notnagel«. Frauen äußern sich über Arbeitslosigkeit und Armut, ›ifg Frauenforschung‹ (Informationsdienst des Forschungsinstituts Frau und Gesellschaft), Heft 1 und 2, 1990, S. 32.

Der partnerschaftliche Mann

43 Inge Sollwedel, Neue Männer für die neuen Frauen? Männer über Geld, Haushalt, Kinder, Liebe und die Karriere ihrer Frauen, Reinbek 1984, S. 71.
Mann und Frau sollten die Pflege erkrankter Angehöriger gemeinsam übernehmen: Institut für Demoskopie Allensbach, Der partnerschaftliche Mann, a. a. O., S. 39.

Anteil der Männer an den ErziehungsurlauberInnen: Presseerklärung des Bundesministeriums für Familien und Senioren vom 14.8.1992.

45 Jeder zehnte vollzeiterwerbstätige Mann möchte auf Teilzeit wechseln: Burkhard Strümpel, Wolfgang Prenzel, Joachim Scholz, Andreas Hoff, Teilzeitarbeitende Männer und Hausmänner. Motive und Konsequenzen einer eingeschränkten Erwerbstätigkeit von Männern, Berlin 1988, S. 7.
Zahlen der Bundesanstalt für Arbeit über Teilzeitbeschäftigung: ›Frankfurter Allgemeine Zeitung‹, 8.6.1991. Vgl. auch Strümpel, Prenzel u. a., a. a. O., S. 42, 43.

46 Teilkastrierte Teilzeit-Männer: Zitiert nach Lila Hess, Mehr im Kontakt mit dem Kind leben, ›Frankfurter Rundschau‹, 22. 10. 1994.

47 Untersuchung der FU Berlin über Teilzeit-Arbeiter: Strümpel, Prenzel u. a., a. a. O.

48 In Teilzeit erwerbstätige Frauen die am stärksten belasteten Menschen: So Professor Rosemarie Nave-Herz auf der Tagung der niedersächsischen Landesregierung »Neue Partnerschaft zwischen Frauen und Männern«, ›Frankfurter Rundschau‹, 13.5.1988.

50 Halbe-halbe-Modell für Mann und Frau »widernatürlich«: Erfahrungsbericht eines in Teilzeit erwerbstätigen Mannes, ›Frankfurter Allgemeine Zeitung‹, 29.8.1987.
Flexible Arbeitszeiten bei Hewlett-Packard: ›Frankfurter Allgemeine Zeitung‹, 8.6.1991.

51 Chefarzt will sich aufhängen, wenn 35jähriger Arzt auf halbe Stelle wechselt: Strümpel, Prenzel u. a., a. a. O., S. 88/89.

Der Hausmann

53 Burkhard Strümpel, Wolfgang Prenzel u. a., a. a. O., S. 128.

55 Hausmann als »Alltagsclown«: ›Die Zeit‹, 26.6.1987.
Partnerinnen der Hausmänner erledigen mehr als ein Drittel der Hausarbeit: Strümpel, Prenzel u. a., a. a. O., S. 125.

56 Hausmänner haben Zeit für Hobbies und Studium: ›Brigitte‹ Nr. 13, 1987: ›Die Zeit‹, 29.5.1987; ›Brigitte‹, 12, 1977 und Strümpel, Prenzel u. a., a. a. O., S. 36. Alle weiteren Beispiele ebenfalls aus Strümpel, Prenzel u. a.

58 »Zwei Väter hat der Hausvater ...«, ›Die Zeit‹, 29.5.1987.

59 Hausmänner liegen an der Spitze der Scheidungsstatistik: ›Frankfurter Rundschau‹, 11.4.1992.

Die neuen Väter – ganz die alten

60 Feierabend-Aufgabe für prominente Männer in Frankfurt: ›taz‹, 10.9.1990.
Beckmann-Zitat: ›Prisma‹ Nr. 47, 1994.
Huber-Zitat: ›Kölner Stadt-Anzeiger‹, 31. 10. 1994.

61 Cheryl Benard, Edit Schlaffer, Sagt uns, wo die Väter sind. Von der Arbeitssucht und Fahnenflucht des zweiten Elternteils, Reinbek 1991, S. 7, 15.
Club of Rome-Bericht für die achtziger Jahre: Zitiert nach Helga Wex, Rechenschaftsbericht zum 14. Delegiertentag der CDU-Frauenvereinigung. Bonn 27./28. 9. 1985.

62 Untersuchung über Familiengründungsphase: Gisela Notz, »Du bist als Frau um einiges mehr gebunden als der Mann«. Die Auswirkungen der Geburt des ersten Kindes auf die Lebens- und Arbeitsplanung von Müttern und Vätern, Bonn 1991.
»Ich denk', zehn Stunden Büro sind genug ...«: Gisela Notz, a. a. O., S. 125.
»... daß Männer sich auf ihre Familienpflichten besinnen ...«, Pressemitteilung des NRW-Ministeriums für die Gleichstellung von Frau und Mann, 27.8.1992.

64 Untersuchung des Deutschen Jugendinstituts über Arbeitsteilung der Eltern bei der Kinderbetreuung: Gisela Erler, Monika Jaeckel, Rudolf Pettinger, Jürgen Sass, Kind, Beruf oder beides? ›Brigitte‹-Untersuchung, Hamburg 1988, Tabellenband.
Unterscheidung der amerikanischen Familienforschung der Arten elterlichen Engagements: Cheryl Benard, Edit Schlaffer, Sagt uns, wo die Väter sind, a. a. O., S. 18.

65 Nichtinanspruchnahme der Freistellungsmöglichkeiten zur Pflege erkrankter Kinder durch Väter: Schriftliche Auskunft der Abteilung Statistik des Bundesministeriums für Gesundheit. Demnach entfielen 1992 auf die weiblichen Pflichtmitglieder der Ortskrankenkassen im westlichen Bundesgebiet rund viermal soviele Krankengeldtage bei Erkrankung eines Kindes als auf die männlichen Pflichtmitglieder. Die männlichen Pflichtmitglieder der Angestellten-Ersatzkassen nahmen sogar nur 15 Prozent der insgesamt von diesen Kassen gewährten Krankengeldtage zur Pflege eines Kindes in Anspruch. In den östlichen Bundesländern wurden 1992 rund ein Sechstel der von allen Kassen gewährten Leistungstage von den Vätern in Anspruch genommen.

66 Anteil der Männer an den ErziehungsurlauberInnen und den BezieherInnen von Erziehungsgeld: Presseerklärung des Bundesministeriums für Familie und Senioren vom 14.8.1992.

67 Verband alleinstehender Mütter und Väter (VAMV) zu Unver-
antwortlichkeit nichtehelicher Väter: ›IFPA‹ Nr. 115 (Initiative
Frauen-Presseagentur, Bonn), Juli 1992.
Unterhaltsvorschüsse in zweistelliger Millionenhöhe: ›Kölner
Stadt-Anzeiger‹, 30./31.5.1992.
Westflucht rund 17 000 Unterhaltspflichtiger: ›Frankfurter All-
gemeine Zeitung‹ vom 11.12.1990.
68 Nach der Scheidung leben kleine Kinder zu 97 Prozent bei den
Müttern: ›Streit‹. Feministische Rechtszeitschrift, Heft 1–2, 1993,
S. 33.
Zahlen zur »unvollständigen Familie«: Statistisches Bundesamt,
zitiert in ›Frankfurter Rundschau‹ vom 21.4.1993.
Jedes dritte Schulkind in NRW stammt aus einer Ein-Eltern-
Familie: ›Westdeutscher Rundfunk‹, 2. Hörfunkprogramm,
20.8.1993.
Alleinerziehende Väter leben meist mit anderen Erwachsenen
zusammen: Ergebnisse des Mikrozensus 1986. Vgl. Antwort der
Bundesregierung auf die Große Anfrage der Fraktion der SPD
»Zu den Problemen der beruflichen Eingliederung nach Zeiten
der Kindererziehung«. Bundestagsdrucksache 11/2369 vom
25.5.1988, S. 14.
217 000 alleinerziehende Väter: ›Kölner Stadt-Anzeiger‹,
31.10.1994.
Alleinerziehende Väter meist über 40 mit mittlerem bis gutem
Einkommen: Rosemarie Nave-Herz, Dorothea Krüger, Ein-
Eltern-Familien. Eine empirische Studie zur Lebenssituation und
Lebensplanung alleinerziehender Mütter und Väter. Schriftenreihe des Instituts Frau und Gesellschaft, Materialien zur Frauenforschung Band 15, Bielefeld 1992, S. 106.
Cheryl Benard, Edit Schlaffer, Sagt uns, wo die Väter sind,
a. a. O., S. 174.

Was Männer gern machen

69 Die »Fachgruppe Holzkohle-Grillen« zitiert nach ›Emma‹ Nr.4,
Juli/August 1993.
71 Motive der Hobby-Handwerker: Christiane Müller-Wichmann,
Von wegen Freizeit. Argumente pro und contra 7-Stunden-Tag.
Ein Gutachten für die IG Metall, Frankfurt am Main 1987, S. 28.
Zeitaufwand für Renovieren, Reparieren: Vgl. ›Wirtschaft und
Statistik‹, Nr. 8/1994, Tabelle S. 600.

»Freizeit« – wie Männer ihren Frauen die Zeit stehlen

72 Englische Studie über Freizeit und Geschlecht: Eileen Green, Sandra Hebron, Diane Woodward, Leisure and Gender. A Study of Sheffield Women's Leisure Experience. Department of Applied Social Studies. Sheffield City Polytechnic, Sheffield 1987.

73 Frauen leben in Abhängigkeit von den Zeitplänen ihrer Männer: Stellvertretend für viele ähnliche Befunde: Ingrid Rieken, Der zergliederte Alltag: Frauen im Umgang mit Zeit. In: ›ifg Frauenforschung‹, Heft 4/1989, S. 61.

75 Deutsche verfügen durchschnittlich über vier Stunden Freizeit täglich: Horst W. Opaschowski, Freizeitalltag von Frauen. Zwischen Klischee und Wirklichkeit: Rollen, Rituale und Rücksichtnahmen. Band 9 der Schriftenreihe zur Freizeitforschung (B.A.T. Freizeit-Forschungsinstitut), Hamburg 1989, S. 12. Vgl. auch ›Kölner Stadt-Anzeiger‹, 25.1.1989.

Fast die Hälfte der befragten Frauen in Sheffield gab an, an Wochentagen so gut wie keine freie Zeit zu haben: Eileen Green u. a., Leisure and Gender, a. a. O., S. 113.

Studie über Verkäuferinnen im Ruhrgebiet: Irene Raehlmann, Birgit Meiners, Alexander Glanz, Maria Funder, Flexible Arbeitszeiten. Wechselwirkungen zwischen betrieblicher und außerbetrieblicher Lebenswelt, Opladen 1993.

76 Männer treiben etwa doppelt so häufig Sport wie Frauen: Horst W. Opaschowski, Ökologie von Freizeit und Tourismus, Opladen 1991, S. 32.

Männer in Sportvereinen überrepräsentiert: Statistisches Jahrbuch für die Bundesrepublik Deutschland 1993, S. 459.

Wolfram Siebeck beim Picknick: ›Zeitmagazin‹, 19.6.1993.

Arbeitsteilung auf dem Segelboot: Karin Eriksen, Hier ist der Mann noch Mann, in: ›Der Segler‹, Nr. 4/1994, S. 30.

Frauen haben keine Zeit für berufliche Weiterbildungsmaßnahmen: Ariane Brenssel, Plädoyer für Einmischung in »Lean Production«, in: ›Das Argument‹ 199/1993, S. 364.

77 Der typische Vereinsmeier: ›Kölner Stadt-Anzeiger‹, 12.4.1994.

Dr. Schäferhoff: ›Kölner Stadt-Anzeiger‹, 27.12.1994.

78 »Grüne Damen«: ›Kölner Stadt-Anzeiger‹, 5.5.1994.

Chefarzt des Kölner Kinderkrankenhauses: ›Kölner Stadt-Anzeiger‹, 21./22.11.1981.

Kölner Verdienstorden: ›Kölner Stadt-Anzeiger‹, 23.12.1993.

79 Zahlen der AWO über Ehrenamtliche: Anke Brunn, Ehrenamtliche Tätigkeit von Frauen: unbezahlbar und unbezahlt. Thesen zu

einer Anhörung der SPD-Bundestagsfraktion am 31.7.1984, vervielf. Manuskript.
Aufwandsentschädigung für Kassenarzt-Vorsitzenden: ›Kölner Stadt-Anzeiger‹, 1.2.1995.
»Die Zeit der Frauen ist Zeit für andere ...«: Irene Raehlmann, Birgit Meiners u. a., a. a. O., S. 141.

Kein Grund zum Optimismus – die junge Generation

81 Ilse Ridder-Melchers im März 1992: Sprechzettel der nordrhein-westfälischen Ministerin für die Gleichstellung von Frau und Mann zur Pressekonferenz anläßlich der Vorstellung der Repräsentativuntersuchung »Vereinbarkeit von Beruf und Familie«, Düsseldorf, 16.3.1992.
Ilse Ridder-Melchers im September 1992: Pressemitteilung des Ministeriums für die Gleichstellung von Frau und Mann des Landes NRW vom 9.9.1992.

82 »Ich finde, Jungen gehören nicht in den Haushalt ...«: Reportage in der ›Süddeutschen Zeitung‹, 21./22.11.1989.
Eltern ziehen Mädchen verstärkt zur Hausarbeit heran: Studie »Mädchen '82« zitiert nach Ministerium für die Gleichstellung von Frau und Mann des Landes Nordrhein-Westfalen (Hg), Wir werden was wir wollen! Schulische Berufsorientierung (nicht nur) für Mädchen, Band 2, Düsseldorf, Juni 1990, S. 39, 40.

83 Umfrage der Universität Bielefeld: Presseinformation des Ministeriums für die Gleichstellung von Frau und Mann des Landes NRW vom 10.8.1992 und vom 9.9.1992.
Ältere Söhne als Nesthocker und Nutznießer mütterlicher Dienstleistungen: Jugend '92. Studie im Auftrag des Jugendwerks der Deutschen Shell, Band 2, Opladen 1992, S. 386, 402. Vgl. auch: Elke Herms-Bohnhoff, Hotel Mama, Stuttgart 1992.

Paschatum weltweit

84 Sherry Ortner, Harriet Whitehead (Hg), Sexual Meanings, The Cultural Construction of Gender and Sexuality, Cambridge 1981, S. 388, zitiert nach Cheryl Benard, Edit Schlaffer, Die Grenzen des Geschlechts. Anleitungen zum Sturz des internationalen Patriarchats, Reinbek 1984 (rororo 7775), S. 45.

UNO- und ILO-Zahlen über Arbeitsverteilung und Einkommensverteilung zwischen den Geschlechtern 1975–1985: United Nations Report 1980, und: United Nations Report »State of the world's women« 1985.
Faule Männer in Polen und Japan: ›Frankfurter Rundschau‹, 8.9.1992.

85 Studie der Universität Utrecht: ›Psychologie heute‹, Juli 1993.
Faule Männer in Österreich: Gudrun Biffl, Der Haushaltssektor. In: ›Monatsbericht‹, Österreichisches Institut für Wirtschaftsforschung, Heft 9, 1989; zit. nach Heinrich Lützel, Private Haushalte im makroökonomischen Nachweis, vervielf. Manuskript 1990, S. 6.
Johanna Dohnal will in Österreich Zwangsmaßnahmen einführen: ›Kölner Stadt-Anzeiger‹, 16./17.1.1993.
Faule US-Amerikaner: ›ifg Frauenforschung‹, Heft 1/2 1990, S. 80 ff.
Doppelbelastung von US-Amerikanerinnen: ›The Denver Post‹, 15.10.1994.
Neuere Globalstatistiken der UNO und der ILO über die Arbeitsteilung zwischen den Geschlechtern weltweit: The World's Women 1970–1990. Trends and Statistics, United Nations, New York 1991 und World Labour Report 1992, International Labour Office, Geneva 1992. Vgl. auch ›Frankfurter Rundschau‹, 3.4.1990.

88 Arbeitsteilung zwischen Mann und Frau in Schweden: Teresa Kulawik, Gleichstellungspolitik in Schweden. In: ›WSI-Mitteilungen‹, Nr. 4, 1992, S. 226 ff. Und: Georg Brzoska, Geschlechterpolitik bezogen auf Männer: Das Beispiel Schweden, vervielf. Manuskript, 1993.
Skandinavische Männer verbringen erwerbsarbeitsfreie Zeit lieber bei Hobbies als bei Hausarbeit: World Labour Report 1992, a. a. O., S. 26

Männer im Beruf – unterbeschäftigt und überbezahlt

89 Alec Mackenzie, Die Zeitfalle. Der Klassiker für Zeit-Management in Neuausgabe. Heidelberg 1993, S. 186.

90 Ein Manager verbringt im Schnitt zehn Wochenstunden in Besprechungen: Alec Mackenzie, Die Zeitfalle, a. a. O., S. 176.
Zeitvergeudung im Management: ›Der Spiegel‹, Nr. 31/1994, S. 78 ff.

92 54 Stunden durchschnittliche Wochenbelastung eines Managers am Arbeitsplatz: ›IFPA‹ Nr. 110 (Initiative Frauen-Presseagentur, Bonn), Februar 1992.
Jede dritte erwerbstätige Frau kommt einschließlich Hausarbeit auf eine 70-Stunden-Woche; Presseinformation des Ministeriums für die Gleichstellung von Frau und Mann des Landes NRW vom 16.1.1992.
Manager-Kritiker Ogger: Günter Ogger, Nieten in Nadelstreifen. Deutschlands Manager im Zwielicht, München 1992, S. 97.

93 Abstände zwischen Frauen- und Männerentgelten wachsen in einigen Bereichen: Zum Beispiel gingen die Effektivverdienste von Industriearbeiterinnen (West) zwischen 1991 und 1992 von 70,7 Prozent auf 70,5 Prozent der entsprechenden Männerlöhne zurück. Vgl. ›WSI-Mitteilungen‹ 10/1993, S. 623.
Frauenlöhne und -gehälter: Zahnarzthelferin in Hessen: ›Frankfurter Rundschau‹, 18.7.1992; Imhoff-Löhne in Thüringen: ›Der Spiegel‹ Nr. 53, 1992; Tarifgehalt einer Verkäuferin: Entgelttarifvertrag Einzelhandel NRW vom 23.7.1993.
Entgeltunterschiede zwischen Frauen und Männern in den neuen Bundesländern jetzt größer als zu DDR-Zeiten: Ingrid Kurz-Scherf, Nur noch Utopien sind realistisch. Feministische Perspektiven in Deutschland, Bonn 1992, S. 26.

94 Weltweit nimmt die Bedeutung von Erwerbsarbeit ab: André Gorz, Und jetzt wohin? Berlin 1991, S. 68. Vgl. auch Karl Hinrichs, Zeit und Geld in privaten Haushalten. Gelegenheitsstruktur und Bedarf für Eigenarbeit als Determinanten sozialer Ungleichheit. Bielefeld 1989, S. 24.

95 Sinkendes Renteneintrittsalter von Männern: Karl Hinrichs, Zeit und Geld in privaten Haushalten, a. a. O., S. 22.
Vorruhestandsregelungen bei Großunternehmen: ›Kölner Stadt-Anzeiger‹, 30.6.1993; 21./22.8.1993; 15.11.1993.
Männliche Erwerbsquote sinkt: Ministerium für die Gleichstellung von Frau und Mann des Landes NRW (Hg), Wir werden was wir wollen! Schulische Berufsorientierung (nicht nur) für Mädchen, Band 6, Düsseldorf, April 1993, S. 36.

96 Ein Drittel aller erwerbstätigen Frauen in Teilzeit-Beschäftigung: Gerhard Bäcker, Brigitte Stolz-Willig, Teilzeitarbeit – Probleme und Gestaltungschancen, in: ›WSI-Mitteilungen‹ 9/1993, S. 545ff.
Arbeitsbelastung im Baugewerbe: ›Frankfurter Rundschau‹, 7.12.1994.
Lehrerinnen auf Teilzeitstelle bekommen arbeitsaufwendigere Kurse zugewiesen: Karl H. Hörning, Anette Gerhardt, Matthias Michailow, Zeitpioniere. Flexible Arbeitszeiten – neuer Lebensstil, Frankfurt am Main 1990 (es), S. 77.

Warum die Männer so faul sind

98 Karin Klees, Partnerschaftliche Familien, Weinheim und München 1992, S. 150.
   Lebensgefährliche Verletzungen im Haushalt: ›Kölner Stadt-Anzeiger‹, 4.2.1992 und Bundesanstalt für Arbeitsschutz laut ›Kölner Stadt-Anzeiger‹ vom 27.6.1993.
99 Psychostress von Hausfrauen laut ›Münchner Medizinische Wochenschrift‹: ›Kölner Stadt-Anzeiger‹ vom 14.2.1986 und ›IFPA‹ (Initiative Frauen-Presseagentur, Bonn), März 1986.
101 Zitat Ralf Fücks: Ralf Fücks, Männer, Kinder und Karriere, in: ›Kommune‹ 2/1988, S. 43 ff.

Kleine Ökonomie der Hausarbeit

104 216 Qualifikationen im Haushalt: Bundestagsdrucksache 12/6834 (Antwort der Bundesregierung vom 8.2.1994 auf eine Kleine Anfrage der SPD).
107 Haushaltsgeräte im Wert von 400 Milliarden Mark: AP vom 7.11.1991, zit. nach ›Spiegel der Frauenpublizistik‹ (herausgegeben vom Bundespresseamt), Nr. 1/1991.
   Aufwand für Hausarbeit um 1920: ›Der Spiegel‹, 27.1.1975; ›stern‹, 15.6.1989.
   Durchschnittlich acht Stunden Haus-, Organisations- und Betreuungsarbeit am Tag: Deutscher Hausfrauenbund e. V., Die Situation der Hausfrau, Faltblatt, 5. Auflage 1987. Vgl. auch: Frauen in der Bundesrepublik Deutschland 1992, herausgegeben vom Bundesministerium für Frauen und Jugend, Bonn, 30.6.1992, S. 76.
109 53 Milliarden Hausarbeitsstunden im Jahr in den westlichen Bundesländern: Frauen in der Bundesrepublik Deutschland 1992, a. a. O., S. 76.
   Erwerbsarbeitsstunden in den westlichen Bundesländern: Schriftliche Auskunft des Instituts für Arbeitsmarkt- und Berufsforschung der Bundesanstalt für Arbeit (Hans Kohler) vom 15.11.1993.
110 Zeitaufwand für Erwerb und Haushalt auch in der DDR vergleichbar: Ute Meier, Familiale Lebensweise und ökonomische Funktion von Familie in der EX-DDR, in: Sylvia Gräbe (Hg), Der private Haushalt als Wirtschaftsfaktor, a. a. O., S. 179.

Männer verrichten bestenfalls 20 Prozent der Hausarbeit: »Viele Männer reden sich ein, sie machten die halbe Arbeit, wenn es in Wirklichkeit vielleicht 10 Prozent sind«: Horst W. Opaschowski, Freizeitalltag von Frauen, a. a. O., S. 19.

Zur Zeitbudget-Studie des Statistischen Bundesamtes vgl. Manfred Ehling, Rosemarie von Schweitzer u. a., Zeitbudgeterhebung der amtlichen Statistik. Beiträge zur Arbeitstagung vom 30. April 1991 in Wiesbaden. Heft 17 der Schriftenreihe ›Ausgewählte Arbeitsunterlagen zur Bundesstatistik‹, Wiesbaden, September 1991.

»Zeitbudgeterhebung 1991/92«: Vgl. die umfangreiche Quellenangabe zu Seite 24.

Andere Untersuchungen zum Thema: Vgl. aus jüngster Zeit: Jan Künzler, Familiale Arbeitsteilung. Die Beteiligung von Männern an der Hausarbeit, Bielefeld 1994.

111 Hausarbeit im Urlaub nicht mitgezählt: Schäfer/Schwarz, a. a. O., »Wirtschaft und Statistik«, 8/1994, S. 602.

Jahresarbeitsvolumen Erwerbsarbeit: Telefonische Angaben von Hans Kohler, Institut für Arbeitsmarkt- und Berufsforschung der Bundesanstalt für Arbeit, 8.3.1995.

112 Schmoller-Zitat: Nach Karin Hausen, Überlegungen zum historischen Ort von Famlie in der Moderne, Vortrag in der Friedrich-Ebert-Stiftung, Bonn. 9.11.1994.

113 Butler-Gehalt: ›Kölner Stadt-Anzeiger‹, 23./24.4.1994.

Wertschöpfung der Privathaushalte in der Bundesrepublik 1982 über eine Billion DM: Hans-Günter Krüsselberg, Michael Auge u. a., Verhaltenshypothesen und Familienzeitbudgets, a. a. O., S. 246.

UNDP zur Steigerung des Nationaleinkommens, wenn Hausarbeit und Versorgung in die Bruttosozialprodukte Eingang fänden: Ludgera Klemp, Frauenarbeit im Spannungsfeld von Weltmarkt, Macht und Geschlechterhierarchien, ›Vierteljahresschrift‹ der Friedrich-Ebert-Stiftung Nr. 133, a. a. O.

114 BGH-Entscheidung vom 10.4.1979 zu Schadenersatzregelung bei Unfalltod einer Hausfrau: ›Der Spiegel‹ Nr. 17, 1981.

Berechnungen von Kurt Landau zum Wert der Hausarbeit: Die Grünen, Kreisverband Würzburg (Hg), Konzepte und Analysen zur Würzburger Stadtentwicklung Band 4, Broschur, Würzburg 1989.

Wert der Hausarbeit laut ›Für Sie‹ Nr. 11, 1993.

115 Zur Entwicklung der Erwerbsbeteiligung von Frauen und Männern vgl. Wolfgang Clemens, Frühinvalidität von Frauen. Lebens- und Arbeitsbedingungen bis zum vorzeitigen »Ruhestand«, in: ›WSI-Mitteilungen‹ 10/1993, S. 667 ff.

116 Biedenkopf zur Senkung der Beschäftigungsquote in den östlichen Bundesländern: ›Frankfurter Rundschau‹ vom 27.3.1992.

117 Frauen als Trägerinnen der »Neuen Subsidiarität«: Hiltraud Schmidt-Waldherr, Wem nützen Frauen? Öffentliche und private Vereinnahmung bzw. Ausgrenzung von Frauenarbeit im gesellschaftlichen Diskurs, in: Irmhild Kettschau, Barbara Methfessel (Hg), Hausarbeit – gesellschaftlich oder privat? Entgrenzungen – Wandlungen – alte Verhältnisse, Hohengeren 1991, S. 71 ff.
Frauen als Trägerinnen der »ehrenamtlichen« sozialen Arbeit: Dorothea Krüger, Struktureller Wandel des sozialen Ehrenamts, in: ›Informationen für die Frau‹ (herausgegeben vom Deutschen Frauenrat), Nr. 3/1993, S. 3. Vgl. auch Gisela Notz, Ist unbezahlte Arbeit unbezahlbar? In: Christa Cremer, Christiane Bäder, Anne Dudeck (Hg), Frauen in sozialer Arbeit. Zur Theorie und Praxis feministischer Bildungs- und Sozialarbeit, Weinheim und München 1990, S. 95 ff.

118 Von den 2,2 Millionen Pflegebedürftigen werden 86 Prozent überwiegend von Frauen zu Hause versorgt: Gerhard Bäcker, Pflegebedürftigkeit und Pflegenotstand, ›WSI-Mitteilungen‹ 2/1991.

Geld für Familienarbeit – ein Männerförderprogramm

119 Komitee »Lohn für die Hausarbeit« der Region Venedig, zit. nach: Frauen in der Offensive. Lohn für Hausarbeit oder: Auch Berufstätigkeit macht nicht frei, München 1974, S. 151.

120 CDU-Sozialausschüsse zur »sanften Macht der Familie«: 19. Bundestagung Sozialausschüsse der Christlich-Demokratischen Arbeitnehmerschaft, 9.–11. Oktober 1981, Königswinter o. J. (1982).
Lafontaine zu »Eigenarbeit«: ›Der Spiegel‹ Nr.7, 1988.

121 Nur für rund die Hälfte der Erziehungsurlauberinnen werden Ersatzkräfte eingestellt, und nur 47 Prozent der Mütter kehren in die Betriebe zurück: Pressemitteilung des Bundesministeriums für Jugend, Familie, Frauen und Gesundheit vom 28.11.1990; vgl. auch ›Frankfurter Rundschau‹ vom 9.1.1993.

Die Frauen proben den Ausstieg – Singles und nichteheliche Lebensgemeinschaften

123 Sibylle Meyer, Eva Schulz, Balancen des Glücks. Neue Lebensformen: Paare ohne Trauschein. Alleinerziehende und Singles, München 1989, S. 81.
Jährlich sterben in Deutschland 75 000 mehr Menschen als geboren werden: Statistisches Bundesamt, zit. nach ›Kölner Stadt-Anzeiger‹, 18.2.1993.
Zahl der Ehescheidungen: »Wirtschaft und Statistik«, 8/1994, S. 949.
820 000 wilde Ehen, 200 000 Wohngemeinschaften: ›Die Welt‹, 22.5.1990.
Über 57 Prozent aller Ehepaare haben Kinder: Frauen in der Bundesrepublik Deutschland 1992, a. a. O., S. 73.

124 Verhalten von Männern in nichtehelichen Beziehungen: Sibylle Meyer, Eva Schulze, Auf der Suche nach neuen Lebensformen – Singles und nichteheliche Lebensgemeinschaften, in: ›ifg Frauenforschung‹, Heft 1 und 2, 1990, S. 1 ff. und diess., Balancen des Glücks, a. a. O.

125 Singles ein Drittel aller Haushalte: ›Kölner Stadt-Anzeiger‹, 15.9.1993; 12.11.1993.
Alle weiteren Informationen über Singles: Sibylle Meyer, Eva Schulze, a. a. O. und Dorothea Krüger, Partnerschafts- und Berufsbiographien Alleinlebender – Ergebnisse einer qualitativen Studie über ledige Frauen und Männer in Einpersonenhaushalten, in: ›ifg Frauenforschung‹, Heft 3, 1992, S. 28 ff.
Zu den »Singles« vergleiche auch: Martina Löw, »Ich sorge für mich selbst«. Alleinwohnende Frauen und die Kunst der Existenz. In: ›Zeitschrift für Frauenforschung‹, Nr. 2, 1994, S. 151.

126 Zitat Schnepf: ›Kölner Stadt-Anzeiger‹, 13./14.8.1994.

127 Ohne Frau lebt es sich als Mann gefährlich: ›Süddeutsche Zeitung‹, 29./30.12.1990.

128 Jürg Willi, Was hält Paare zusammen? Reinbeck 1993, S. 17/18.
Alleinstehende Männer leiden häufiger unter psychosomatischen Störungen: Andrea Ernst, Ingrid Füller, Schlucken und Schweigen. Wie Arzneimittel Frauen zerstören können, Köln 1988, S. 70.
Mehr Männer als Frauen halten die Ehe für »wichtig«: Presseinformation des Bundesministeriums für Jugend, Familie, Frauen und Gesundheit vom 24.4.1989.

Krippen, KiTas, Kindergarten – die Rahmenbedingungen stimmen nicht

129 Zahlen zu Kinderbetreuungseinrichtungen: ›Mitteilungen für Frauen‹ (herausgegeben von der IG Metall), Nr. 1–2, 1990. Und: Frauen in der Bundesrepublik Deutschland 1992, a. a. O., S. 80.

130 Eine halbe Million wäre gern berufstätig, wenn die Kinderbetreuung gesichert wäre: Zeitschrift ›Eltern‹, zit. nach ›IFPA‹ Nr. 126, Juni/Juli 1993.

131 Ein halbes Jahr nach der Vereinigung waren in der ehemaligen DDR bereits 10 Prozent aller Krippenplätze verlorengegangen: ›IFPA‹ (Initiative Frauen-Presseagentur, Bonn) Nr. 6, 1991.

Arbeitslosenzahlen in den östlichen Bundesländern: Vgl. monatliche Statistik der Bundesanstalt für Arbeit.

Der Anteil der von Frauen und Männern in den neuen Ländern gemeinsam verrichteten Hausarbeiten nimmt ab: So die brandenburgische Sozialministerin Dr. Regine Hildebrandt am 18.12.1992 im Potsdamer Landtag. Vgl. auch Ingrid Kurz-Scherf, Nur noch Utopien sind realistisch, a. a. O., S. 28.

132 Rheinland-Pfalz als einziges westliches Bundesland mit ausreichender Zahl von Kindergartenplätzen: ›taz‹, 31.8.1993.

Kinderbetreuungseinrichtungen in Rheinland-Pfalz: Vgl. auch: ›Ma Marple‹, Mädchenzeitung der KSJ in der Diözese Trier, Nr. 2, 1994.

Widerstände gegenüber Erwerbstätigkeit von Müttern heute größer als in den siebziger Jahren: Wolfgang Hartenstein, Jutta Bergmann-Gries u. a., Geschlechtsrollen im Wandel. Partnerschaft und Aufgabenverteilung in der Familie, Schriftenreihe des Bundesministers für Jugend, Familie, Frauen und Gesundheit Band 235, Stuttgart, Berlin, Köln 1988, S. 72.

133 Mehr Französinnen als deutsche Frauen (West) berufstätig: ›Die Zeit‹, 27.10.1989 und: Frauen in der Bundesrepublik Deutschland 1992, a. a. O., S. 45.

Geburtenrate in Frankreich: Barbara Rudorf, Freie Kinder? In: ›Emma‹, Mai/Juni 1994, S. 76.

Kindertageseinrichtungen in Europa: ›zwd – Zwei-Wochendienst Frauen und Politik‹, Bonn, 31.1.1989; ›Mitteilungen für Frauen‹ (herausgegeben von der IG Metall), 1–2, 1990, und: Inge Wettig-Danielmeier, Kinder brauchen Plätze. Rede vom 1.8.1990, dokumentiert in ›Presseservice der SPD‹, 317/90.

Arbeitszeitverkürzung, Väterurlaub – wie Männer Familie und Beruf vereinbaren können

135 Zitat ›Utopie-Papier‹ des AK Frauenpolitik der Grünen im Bundestag: im Besitz der Verfasserin.

136 Männer gegen weitere Arbeitszeitverkürzungen: ›Kölner Stadt-Anzeiger‹, 31.8.1993.

137 Bayerische BeamtInnen: Seit 1.1.1994 muß auch die schleswig-holsteinische Beamtenschaft wieder eine Stunde länger arbeiten. Gewerkschaftsfrauen für den Sechs-Stunden-Tag: vgl. ›Frankfurter Rundschau‹, 19.3.1990.

138 Schwarzarbeit der VW-Werker: ›Frankfurter Rundschau‹, 7.12.1994.
Zufriedenheit mit Vier-Tage-Woche: »taz«, 22.7.1994.
Schwedische Männer nutzen Arbeitszeitverkürzung für Freizeit-Interessen: ›Frankfurter Rundschau‹, 8.9.1992.
Tarifvertrag der IG Metall zur stufenweisen Einführung der 35-Stunden-Woche von 1990 mit Ausnahmeregelungen für »Kernbelegschaft«: Bundesarbeitsgemeinschaft Grüne und GewerkschafterInnen (Hg), ›Rundbrief‹ Nr.16, Juli 1990.

139 Quotierung des Elternurlaubs in Schweden: ›Kölner Stadt-Anzeiger‹, 9.11.1993.

Dem Ernährer die Luft ablassen – weniger Geld, mehr Arbeit für Männer

141 Denkschrift der deutschen Abteilung der Internationalen Arbeiterassoziation, zit. nach Werner Thönnessen, Frauenemanzipation. Politik und Literatur der deutschen Sozialdemokratie zur Frauenbewegung 1863–1933, Frankfurt am Main 1976, S. 19.
Österreichische Frauenministerin will Hausarbeitspflicht für Männer einführen: ›Kölner Stadt-Anzeiger‹, 16./17.1.1993.

142 Männer neigen übrigens dazu, ihr eigenes Einkommen zu überschätzen …, fand die britische Soziologin Gene Collard heraus. ›Kölner Stadt-Anzeiger‹, 14./15.10.1989.

143 Staatliche Beihilfen für Kinder in Frankreich: Barbara Rudorf, a. a. O., ›Emma‹, Mai/Juni 1994, S. 74.

Frauen macht Platz – laßt die Männer an den Herd

145 Waltraud Schoppe will »Väterkurse« einführen: ›IFPA‹ 119 (Initiative Frauen-Presseagentur, Bonn), November 1992.

146 Haushaltskurse in Langen für Männer wieder gestrichen: Telefonische Auskunft des Mütterzentrums Langen, November 1993.

147 Geburtenentwicklung in Deutschland: ›Kölner Stadt-Anzeiger‹, 18.2.1993.
Frauen wollen immer noch Kinder, aber nicht um jeden Preis: Elisabeth Beck-Gernsheim, Frauen – die heimliche Ressource der Sozialpolitik? Plädoyer für andere Formen der Solidarität, in: ›WSI-Mitteilungen‹, 2/1991, S. 63.

Für Hilfe bei der Materialbeschaffung danke ich dem Feministischen Archiv und Dokumentationszentrum (FrauenMediaTurm), Köln, und »mannege – Information und Beratung für Männer«, Berlin.

Literaturverzeichnis

Arbeitszeit 89. Ein Report zu Arbeitszeiten und Arbeitszeitwünschen in der Bundesrepublik. Herausgegeben vom Minister für Arbeit, Gesundheit und Soziales des Landes NRW, Dezember 1989.

Cheryl Benard, Edit Schlaffer: Sagt uns, wo die Väter sind. Von der Arbeitssucht und Fahnenflucht des zweiten Elternteils. Reinbek 1991.

Leokadia Brüderl, Bettina Paetzold (Hg): Frauenleben zwischen Beruf und Familie. Psychosoziale Konsequenzen für Persönlichkeit und Gesundheit. Weinheim/München 1992.

Georg Brzoska, Gerhard Hafner, Eberhard Schäfer: Aktive Vaterschaft und Elternurlaub. Gutachten für die Senatsverwaltung für Frauen, Jugend und Familie. Berlin 1990.

Manfred Ehling, Rosemarie von Schweitzer u. a.: Zeitbudgeterhebung der amtlichen Statistik. Beiträge zur Arbeitstagung vom 30. April 1991 in Wiesbaden. Heft 17 der Schriftenreihe ›Ausgewählte Arbeitsunterlagen zur Bundesstatistik‹. Statistisches Bundesamt, Wiesbaden 1991.

Barbara Ehrenreich: Die Herzen der Männer. Auf der Suche nach einer neuen Rolle. Reinbek 1983 (rororo Sachbuch 7844).

Gisela Erler, Monika Jaeckel, Rudolf Pettinger, Jürgen Sass: Kind, Beruf oder beides? ›Brigitte‹-Untersuchung 1988. Deutsches Jugendinstitut München 1988.

Familie und Beruf. Eine Herausforderung nicht nur für Frauen. Dokumente und Berichte 26 des Ministeriums für die Gleichstellung von Frau und Mann des Landes NRW. Düsseldorf, August 1993.

Frauen in der Bundesrepublik Deutschland. Herausgegeben vom Bundesministerium für Frauen und Jugend. Bonn 1992.

Gleichberechtigung von Frauen und Männern – Wirklichkeit und Einstellungen in der Bevölkerung. Schriftenreihe des Bundesministeriums für Frauen und Jugend Band 7. Stuttgart–Berlin–Köln 1992.

Gold, Liebe, Abenteuer. Lebensentwürfe von Frauen. Herausgegeben: Die Grünen Hessen, Frauenreferat. Frankfurt/M. März 1988.

André Gorz: Und jetzt wohin? Zur Zukunft der Linken. Berlin 1991.

Sylvia Gräbe (Hg): Alltagszeit – Lebenszeit. Zeitstrukturen im privaten Haushalt. Frankfurt, New York 1992.

Eileen Green, Sandra Hebron, Diane Woodward: Leisure and Gender. A Study of Sheffield Women's Leisure Experience. Department of Applied Social Studies. Sheffield City Polytechnic, Sheffield 1987.

Wolfgang Hartenstein, Jutta Bergmann-Gries, Wolfgang Burkhardt, Reinhard Rudat: Geschlechtsrollen im Wandel. Partnerschaft und Aufgabenverteilung in der Familie. Schriftenreihe des Bundesministers für Jugend, Familie, Frauen und Gesundheit Band 235. Stuttgart–Berlin–Köln 1988.

Siegfried Heinemeier: Zeitstrukturkrisen. Biographische Interviews mit Arbeitslosen. Opladen 1991.

Karl Hinrichs: Zeit und Geld in privaten Haushalten. Gelegenheitsstruktur und Bedarf für Eigenarbeit als Determinanten sozialer Ungleichheit. Bielefeld 1989.

Institut für Demoskopie Allensbach (Hg): Frauen in Deutschland. Lebensverhältnisse, Lebensstile und Zukunftserwartungen. Die Schering Frauen-Studie 1993. Köln 1993.

Jugend '92. Studie im Auftrag des Jugendwerks der Deutschen Shell. Band 2. Opladen 1992.

Irmhild Kettschau, Barbara Methfessel (Hg): Hausarbeit – gesellschaftlich oder privat? Hohengeren (Schneider) 1991.

Karin Klees: Partnerschaftliche Familien. Weinheim-München 1992.

Hans-Günter Krüsselberg, Michael Auge, Manfred Hilzenbecher: Verhaltenshypothesen und Familienzeitbudgets – Die Ansatzpunkte der »Neuen Haushaltsökonomik« für Familienpolitik, Schriftenreihe des Bundesministers für Jugend, Familie und Gesundheit, Band 182. Stuttgart-Berlin-Köln-Mainz 1986.

Jan Künzler: Familiale Arbeitsteile. Die Beteiligung von Männern an der Hausarbeit. Bielefeld 1994.

Ingrid Kurz-Scherf: Nur noch Utopien sind realistisch. Feministische Perspektiven in Deutschland. Bonn 1992.

Dies., Gisela Breil (Hg): Wem gehört die Zeit? Ein Lesebuch zum 6-Stunden-Tag. Hamburg 1987.

Doris Lemmermöhle-Thüsing u. a.: »Arbeit? Arbeit!«. Wir werden, was wir wollen. Schulische Berufsorientierung (nicht nur) für Mädchen. Band 2. Ministerium für die Gleichstellung von Frau und Mann des Landes NRW, Dokumente und Berichte 16. Düsseldorf 1992.

Alec Mackenzie: Die Zeitfalle. Heidelberg 1991.

Sigrid Metz-Göckel, Ursula Müller: Der Mann. Die ›Brigitte‹-Studie. Weinheim–Basel 1986.

Sibylle Meyer, Eva Schulze: Balancen des Glücks. Neue Lebensformen: Paare ohne Trauschein. Alleinerziehende und Singles. München 1989.

Christiane Müller-Wichmann: Von wegen Freizeit. Argumente pro und contra 7-Stunden-Tag. Ein Gutachten für die IG Metall. Frankfurt 1987.

Rosemarie Nave-Herz, Dorothea Krüger: Ein-Eltern-Familien. Eine empirische Studie zur Lebenssituation und Lebensplanung alleinerziehender Mütter und Väter. Bielefeld 1992.

Nichteheliche Lebensgemeinschaften in der Bundesrepublik Deutschland. Schriftenreihe des Bundesministers für Jugend, Familie und Gesundheit, Band 170. Stuttgart–Berlin–Köln–Mainz 1985.

Gisela Notz: »Du bist als Frau um einiges mehr gebunden als der Mann«. Die Auswirkungen der Geburt des ersten Kindes auf die Lebens- und Arbeitsplanung von Müttern und Vätern. Bonn 1991.

Dies.: Auf der Suche nach den neuen Vätern. Ausflüge von Männern in Frauenräume. Frankfurt/M. 1991.

Horst W. Opaschowski: Freizeitalltag von Frauen. Zwischen Klischee und Wirklichkeit: Rollen, Rituale und Rücksichtnahmen. Band 9 der Schriftenreihe zur Freizeitforschung. B.A.T. Freizeit-Forschungsinstitut Hamburg 1989.

Der partnerschaftliche Mann. Einstellungen und Verhaltensweisen. Ergebnisse einer repräsentativen Bevölkerungsumfrage. Institut für Demoskopie Allensbach, Mai 1993, Dokumentation des Bundesministeriums für Frauen und Jugend, Materialien zur Frauenpolitik 31/93 (vervielf.)

Helge Pross: Die Wirklichkeit der Hausfrau. Reinbek 1975.

Dies.: Die Männer. Eine repräsentative Untersuchung über die Selbstbilder von Männern und ihre Bilder von der Frau. Reinbek 1978.

Irene Raehlmann, Birgit Meiners, Alexander Glanz, Maria Funder: Flexible Arbeitszeiten. Wechselwirkungen zwischen betrieblicher und außerbetrieblicher Lebenswelt. Opladen 1993.

Felizitas Romeiß-Stracke, May-Britt Pürschel: Frauen und Zeitpolitik. Institut für Landes- und Stadtentwicklungsforschung des Landes NRW, ILS-Schriften 8. Dortmund 1988.

Inge Sollwedel: Neue Männer für die neuen Frauen? Männer über Geld, Haushalt, Kinder, Liebe und die Karriere ihrer Frauen. Reinbek 1984 (rororo-frauen-aktuell A 5443).

Franziska Schreyer: Weibliche familiale Arbeit und männliche Dauererwerbslosigkeit im Arbeitermilieu. Beiträge zur Arbeitsmarkt- und Berufsforschung. Nürnberg 1991.

Statistisches Jahrbuch für die Bundesrepublik Deutschland 1993.

Barbara Stiegler: Zur Zukunft der Hausarbeit. Abteilung Arbeits- und Sozialforschung der Friedrich-Ebert-Stiftung, vervielf. Manuskript. Bonn, März 1993.

Burkhard Strümpel, Wolfgang Prenzel, Joachim Scholz, Andreas Hoff: Teilzeitarbeitende Männer und Hausmänner. Motive und Konsequenzen einer eingeschränkten Erwerbstätigkeit von Männern. Berlin 1988.

Vereinbarkeit von Familie und Beruf. Schriftenreihe des Bundesministers für Jugend, Familie, Frauen und Gesundheit, Band 230. Stuttgart–Berlin–Köln–Mainz 1987.

Wo bleibt die Zeit? Die Zeitverwendung der Bevölkerung in Deutschland. Hg. vom Bundesministerium für Familie und Senioren und dem Statistischen Bundesamt. Wiesbaden 1994 (Broschüre).

World Labour Report 1992, Hg. ILO, Genf 1992.

The World's Women: Trends and Statistics 1970–1990. United Nations, New York 1991.

Die Zeitverwendung der Bevölkerung in Deutschland. Methode und erste Ergebnisse der Zeitbudgeterhebung 1991/92, Tabellenband I. Wiesbaden 1995 (Statistisches Bundesamt).

Folgende Zeitungen und Zeitschriften wurden ausgewertet:

Emma

Frankfurter Allgemeine

Frankfurter Rundschau

Frauen und Arbeit (DGB)

IFPA – Initiative Frauen-Presseagentur, Bonn

Informationen für die Frau

Kölner Stadt-Anzeiger

Die Mitbestimmung

Mitteilungen für Frauen (IG Metall)

Sozialer Fortschritt

Der Spiegel

Streit

Die Tageszeitung (taz)

WSI-Mitteilungen

Wirtschaft und Statistik

Die Zeit

Zeitschrift für Frauenforschung (Institut Frau und Gesellschaft; bis 1992: »ifg Frauenforschung«)

MannsBilder im dtv

Absender:
Dein Sohn
Briefe an den Vater
Herausgegeben von
Wilfried Wieck
dtv 30466

Philip Roth:
Mein Leben
als Sohn
Eine wahre
Geschichte
dtv 11965

Klaus Theweleit:
Männerphantasien
Band 1:
Frauen, Fluten,
Körper, Geschichte
dtv 30461
Band 2:
Männerkörper –
zur Psychoanalyse
des weißen Terrors
dtv 30462

MannsBilder von
Frauen
dtv 11720

MannsBilder von
Männern
dtv 11721

Camille Paglia:
Die Masken der
Sexualität
dtv 30454

Esther Vilar:
Der dressierte
Mann
Das polygame
Geschlecht
Das Ende der
Dressur
dtv 30072

David G. Gilmore:
Mythos Mann
Wie Männer
gemacht werden
Rollen, Rituale,
Leitbilder
dtv 30354

Wassilios E.
Fthenakis:
Väter
Band 1:
Zur Psychologie
der Vater-Kind-
Beziehung
Band 2:
Kind-Beziehung in
verschiedenen
Familienstrukturen
dtv 15046

Peter Schellenbaum:
Homosexualität
im Mann
Eine tiefenpsycholo-
gische Studie
dtv 35079

Loren E. Petersen:
Das Weibliche
im Mann
Eine Psychologie
des Mannes
dtv 35083

Frauen-
sachen

Bettina Böhm:
Stumme Fluchten
Eine Inzestgeschichte
dtv 30368

Frauen berichten vom
Kinderkriegen
Hrsg. v. Doris Reim
dtv 10242

Gabriele M.
Grafenhorst:
Abtreibung
Erfahrungsberichte
zu einem Tabu
dtv 30300

Mary Kingsley:
Die grünen Mauern
meiner Flüsse
Aufzeichnungen aus
Westafrika
dtv 30315

Christian Graf von
Krockow:
Die Stunde der Frauen
Bericht aus Pommern
1944 – 1947
dtv 30014

Lesebuch für Raben-
mütter
Von den Schwierig-
keiten, eine gute
Mutter zu sein
Hrsg. v. Sophie v.
Lenthe
dtv 30348

Naila Minai:
Schwestern unterm
Halbmond
Muslimische Frauen
zwischen Tradition
und Emanzipation
dtv 11098

Paul Noack:
Olympe de Gouges
1748 – 1793
Kurtisane und
Kämpferin für
die Rechte der Frau
dtv 30319

Régine Pernoud:
Königin der
Troubadoure
Eleonore von
Aquitanien
dtv 30042

Christine de Pizan
Das Leben einer
außergewöhnlichen
Frau im Mittelalter
dtv 11192

Herrscherin
in bewegter Zeit
Blanca von Kastilien,
Königin
von Frankreich
dtv 30359

Giovanni Pettinato:
Semiramis
Herrin über Assur
und Babylon
dtv 11402

Christa Rotzoll:
Frauen und Zeiten
Porträts
dtv 11352

Helga Schubert:
Judasfrauen
Zehn Fallgeschichten
weiblicher Denunzia-
tion im Dritten Reich
dtv 11523

Eva Weissweiler:
Clara Schumann
Eine Biographie
dtv 30344

Gesellschaft
Politik
Wirtschaft

Jewgenia Albaz:
**Das Geheim-
imperium KGB**
Totengräber der
Sowjetunion
dtv 30326

Timothy Garton Ash:
**Ein Jahrhundert
wird abgewählt**
Aus den Zentren
Mitteleuropas
1980-1990
dtv 30328

Fritjof Capra:
Wendezeit
Bausteine für ein
neuesWeltbild
dtv 30029

Das neue Denken
Ein ganzheitliches
Weltbild im Span-
nungsfeld zwischen
Naturwissenschaft
und Mystik,
Begegnungen und
Reflexionen
dtv 30301

Graf Christian von
Krockow:
**Politik und
menschliche Natur**
Dämme gegen die
Selbstzerstörung
dtv 11151

Heimat
Erfahrungen mit
einem deutschen
Thema
dtv 30321

Dagobert Lindlau:
Der Mob
Recherchen zum
organisierten
Verbrechen
dtv 30070

John R. MacArthur:
**Die Schlacht der
Lügen**
Wie die USA den
Golfkrieg verkauften
dtv 30352

Gérard Mermet:
Die Europäer
Länder, Leute,
Leidenschaften
dtv 30340

**Der Deutsche an
sich**
Einem Phantom auf
der Spur
dtv 30406

Hans Jürgen Schultz:
Trennung
Eine Grunderfah-
rung des mensch-
lichen Lebens
dtv 30001

Dorothee Sölle:
Gott im Müll
Eine andere
Entdeckung
Lateinamerikas
dtv 30040

Roger Willemsen:
Kopf oder Adler
Ermittlungen gegen
Deutschland
dtv 30405

Gesellschaft
Politik
Wirtschaft

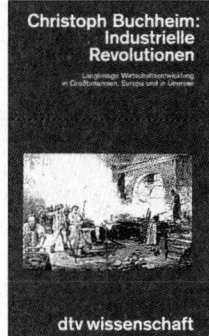

Christoph
Buchheim:
**Industrielle
Revolutionen**
dtv 4622

Ralf Dahrendorf:
**Der moderne
soziale Konflikt**
dtv 4628

Gilberto Freyre:
**Das Land in der
Stadt**
Die Entwicklung
Brasiliens
dtv/Klett-Cotta
4537

Erich Fromm:
**Arbeiter und
Angestellte am
Vorabend des
Dritten Reiches**
dtv 4409

Ernest Gellner:
**Der Islam als Gesell-
schaftsordnung**
dtv 4588

Bronislaw Geremek:
**Geschichte der
Armut**
dtv 4558

Gerd Hardach:
Der Marshall-Plan
Auslandshilfe und
Wiederaufbau in
Westdeutschland
1948-1952
dtv 4636

Indianische Realität
Nordamerikanische
Indianer in der
Gegenwart
Herausgegeben von
Wolfgang Lindig
dtv 4614

**Klassische Texte
der Staatsphilo-
sophie**
Herausgegeben von
Norbert Hoerster
dtv 4455

Hans van der Loo/
Willem van Reijen:
Modernisierung
Projekt und Paradox
dtv 4573

Herbert Marcuse:
**Der eindimen-
sionale Mensch**
Studien zur Ideologie
der fortgeschrittenen
Industriegesellschaft
dtv 4623

Peter Cornelius
Mayer-Tasch:
**Politische Theorie
des Verfassungs-
staates**
dtv 4557

Jörg P. Müller:
**Demokratische
Gerechtigkeit**
dtv 4610

Oskar Weggel:
Die Asiaten
dtv 4629

dialog
und praxis

Kinder
Eltern
Familie

Bruno Bettelheim:
Der Weg aus dem
Labyrinth
Leben lernen als
Therapie
dtv 15051

Themen meines
Lebens
Essays über Psycho-
analyse, Kinder-
erziehung und das
jüdische Schicksal
dtv 35062

Paula J. Caplan:
So viel Liebe,
so viel Haß
Zur Verbesserung
der Mutter-Tochter-
Beziehung
dtv 35060

Eugen Drewermann:
Lieb Schwesterlein,
laß mich herein
dtv 35050

Rapunzel, Rapunzel
laß dein Haar herunter
dtv 35056
Grimms Märchen
tiefenpsychologisch
gedeutet

Nancy Friday:
Eifersucht
Die dunkle Seite
der Liebe
dtv 35063

Sara Gilbert:
Morgen werde ich
schlank sein
Diät und Psyche
dtv 35064

Arno Gruen:
Der Verrat am Selbst
Die Angst
vor Autonomie
bei Mann und Frau
dtv 35000

Der Wahnsinn der
Normalität
Realismus als
Krankheit:
eine grundlegende
Theorie zur mensch-
lichen Destruktivität
dtv 35002

Falsche Götter
Über Liebe, Haß und
die Schwierigkeit des
Friedens
dtv 35059

Der frühe Abschied
Eine Deutung des
Plötzlichen Kindstodes
dtv 35066